La thérapie LIBRE

La thérapie LIBRE

La Thérapie de LIBération et Résilience Emotionnelle

Julia Rautenberg

À mes enfants.
À ma famille.
À mes ancêtres.
À mes amis.

À mes patients.
Tous ceux qui m'ont tant donné.

SOMMAIRE

Prologue   9

Préambule   13

Chapitre 1
Histoire et actualité de la psychologie   17

    Mon éveil à la psychologie cognitive
et portée neuroscientifique   19
Mon éveil à la psychanalyse   29
Libération et émotions   34
Résilience   43

Chapitre 2
Parcours personnel et professionnel   47

    Comment en suis-je venue à créer
la thérapie LIBRE ?   54

Chapitre 3
Méthode   61

    L'entretien clinique   64
Les soins énergétiques   83
L'état modifié de conscience
ou rêve éveillé simplifié   93

Chapitre 4
Cas cliniques   101

Chapitre 5
La résonance familiale   115

Chapitre 6
Conclusion   127

Épilogue   137

PROLOGUE

Texte écrit par une patiente anonyme qui m'a livré un jour cette perle « Vous m'avez sauvée ! ».

Enfanter ma mère

...

« Je ne m'en sortirai pas ». Cette pensée m'obsède et me ravage. Je suis deux. Je porte en moi le souvenir de ma mère, lourd, si lourd. Je suis elle dans son long chemin de croix et de souffrances. Tout le film se rembobine, vieux de trente ans mais si présent : les examens, les séjours à l'hôpital, l'attente, le doute, l'espoir qui fuit, qui renaît. Nos regards échangés, nos silences pesants, si chargés d'émotions et de peurs indicibles. Le spectacle muet de la souffrance supportée avec tellement de pudeur et de dignité. Moi impuissante à la soulager, à trouver les mots justes, tétanisée par une réalité qui me dépasse. Deux solitudes murées dans la douleur, qui n'ont pas été préparées à cela, qui ne savent pas y faire face. Tout ceci se déroule en boucle devant moi : solitude, mort tourbillonnent dans ma tête. Je plonge, plonge dans un monde de désespoir total. « Je ne m'en sortirai pas ». Ils ont dit « on va tout faire pour atteindre la guérison » parole déjà entendue il y a trente ans ; ils n'ont pas dit « on va vous guérir ». Moral en berne ; pensées mortifères ; une force irrésistible qui m'attire vers le bas, vers un fond d'où je ne réchapperai pas.

Je ne m'en sortirai pas… toute seule. Cette idée d'un accompagnement psychologique est suggérée par ma sœur Martine. Je ne suis pas portée sur l'analyse de l'inconscient mais je sens au plus profond de moi que c'est la seule aide qui peut rompre cette spirale infernale. Je dois sortir au plus vite de cet envoûtement obsessionnel et dévastateur. Le temps est contre moi.

Deux heures, deux heures de pleurs incontrôlés, de spasmes, de hoquets à la limite de la suffocation. Une envie de fuir, une envie de hurler. Les mains apaisantes de la psychologue. Les paroles qui sortent peu à peu, jamais dites à ma mère : le terrible spectacle de sa souffrance ; mon incapacité à avoir su communiquer ; mon impuissance à pouvoir lui dire que je l'aime, que je la soutiens, que je l'accompagne, qu'elle ne doit pas mourir, que la vie est injuste, qu'elle ne doit pas me laisser seule, que je ne veux pas qu'elle meure. Toute cette peur, tous ces regrets, tous ces manquements, tous ces non-dits enfouis au plus profond de moi des années durant, remontent à la surface, jaillissent en mots. Une parole libérée, des larmes libérées, un vécu libéré. Je rentre à la maison, vidée et épuisée, comme une loque. Je m'allonge sur le lit et ferme les yeux. Je sombre brutalement dans un trou noir. Je me réveille. Aucune conscience du temps écoulé pendant lequel je n'étais rien, une non existence, un non moi.

Lorsque j'émerge de ce néant, une évidence s'impose à moi peu à peu : j'ai un cancer du sein qui n'est pas le cancer de ma mère. Je suis BÉA, j'ai expulsé ma mère de mon corps, de ma tête.
Un tout petit espoir commence à germer...

PRÉAMBULE

« Vis comme si tu devais mourir demain, apprends comme si tu devais vivre toujours ». (Mahatma Gandy)

Psychologue de formation, j'ai réalisé pour moi-même une psychanalyse pendant 7 ans et j'ai commencé ma vie professionnelle par des entretiens d'inspiration analytique dans un cadre libéral d'une part et dans une clinique en parallèle auprès de patients atteints de cancers.

À cette époque, les effets de cet outil analytique me semblaient limités, surtout auprès de patients atteints de cancer. En effet, en institution, le patient ne fait pas un choix spontané de s'engager dans une thérapie mais il y est invité à l'occasion de l'épreuve de la maladie. Les entretiens cliniques leur offraient un lieu de parole et de mise en mot des problématiques et souffrances, cela dans le but de les reconnaître, les accepter et les dépasser comme tel est l'objectif d'une psychothérapie. Seulement j'ai observé régulièrement que certains patients pouvaient avoir du mal à verbaliser leurs ressentis et émotions. J'observais quand même chez des patients la possibilité de trouver des ressources grâce aux entretiens pour sortir de certaines impasses ou blocages. Mais c'était à mon sens des patients qui avaient déjà quelques capacités adaptatives à leur portée. Dans un cadre libéral la demande est forcément différente puisqu'elle émerge d'une souffrance morale d'abord et non corporelle comme en cas de maladies organiques.

Il est de notoriété que l'évaluation des psychothérapies est particulièrement délicate et c'est souvent l'analyse de cas cliniques particuliers qui valide le travail effectué. L'homme est bien sûr complexe et l'étude de sa psyché ne peut être simple. Mais c'est aussi notre travail et notre quête constante qui doit permettre de faire évoluer tout cela. Nous avons d'ailleurs considérablement évolué depuis le génie de Freud qui a donné les prémisses à notre discipline. Et aujourd'hui nous allons aussi pouvoir nous servir des neurosciences pour éclairer notre lanterne… J'ai espoir même que les psychothérapies, en devenant plus performantes, nous apportent de nouvelles possibilités thérapeutiques non contestables…

Dans ce contexte et aux prises à de nombreuses interrogations en 2008, quand j'ai interrompu provisoirement mon activité de psychologue pour m'occuper un temps de mes enfants, j'étais décidée à trouver des outils complémentaires pour enrichir mon travail et surtout trouver des méthodes qui me permettent d'aider les patients plus efficacement. À l'époque on parlait beaucoup de la sophrologie. En tout cas, les années ont passé, j'ai mûri, j'ai affronté des épreuves, ce qui m'a donné l'occasion de découvrir des outils divers et variés. Et aujourd'hui je dirais que la sophrologie semble dépassée. On parle beaucoup de méditation et d'hypnose. Cela est pour moi la modernité de notre profession. J'ai aussi découvert les bienfaits de soins énergétiques tels que ceux utilisés en médecine chinoise, acupuncture, kynésiologie….

Aujourd'hui je propose donc à mon tour d'enrichir nos pratiques de ces méthodes contemporaines et d'un travail approfondi sur l'histoire du patient, tant actuelle que transgénérationnelle. Ces méthodes énergétiques que j'ai éprouvées dans mon corps, m'ont permis une libération de mes émotions sans précédent. Alliées à mon bagage de psychologue, de ma curiosité constante pour les découvertes scientifiques, je les ai associées à mon travail psychothérapeutique et j'ai l'audace alors de vous proposer un outil performant et original aux effets surprenants.

J'ai donc créé la thérapie LIBRE, Thérapie de Libération et Résilience Émotionnelle qui repose sur la complémentarité d'un travail analytique des blocages, des blessures de vie et des émotions toxiques stockées qui en découlent, de soins énergétiques (issus de la méthode NAET) et d'un état modifié de conscience.

Le décodage analytique va permettre de reconnaître et accepter nos souffrances.

Les soins énergétiques vont permettre de libérer les émotions en profondeur, telle une reprogrammation cérébrale.

L'état modifié de conscience va permettre, par une reconfiguration cérébrale, un apaisement des souffrances et une transformation de notre regard sur la vie.

Le but principal sera également d'amener nos patients vers plus de résilience.

CHAPITRE 1

Histoire et actualité de la psychologie

« Je ne peux devenir moi-même que si j'ai un autre pour me développer, éveiller mes émotions, mes affects ». (Boris Cyrulnik)

Tout d'abord il me faut développer mon parcours de psychologue pour comprendre comment j'en suis arrivée à créer la thérapie LIBRE.

Quand on crée on s'inspire bien sûr d'abord de ce qui existe puis on fait un pas de plus. C'est ce sur quoi je vais argumenter maintenant.

À l'origine j'ai fait le grand écart entre la psychologie cognitive et la psychologie clinique car l'une et l'autre me parlaient un langage qui m'intéressait. Et si je dis grand écart c'est que l'une et l'autre se contrariaient sur beaucoup de points même si pourtant chacune avait pour vocation d'aider à soulager la psyché humaine. En tout cas ceux qui m'enseignaient la psychologie cognitive ne juraient que par elle et vice versa ! J'ai donc dû choisir et mon cœur m'a porté de préférence vers la psychologie clinique par laquelle j'ai exploré des chemins pour ma propre guérison émotionnelle. En effet mon travail auprès d'une psychanalyste en service de médecine m'a donné l'impulsion pour débuter une analyse et bien qu'étudiante en maîtrise de cognitive, ma curiosité et mon malaise d'alors m'ont conduite à explorer les arcanes du divan.

Finalement aujourd'hui je me dis qu'elles sont grandement dépassées l'une et l'autre. Dans leur perpétuel malentendu se sont-elles rendues compte au final qu'elles sont si complémentaires? Quand l'une explorait l'inconscient pour mettre en lumière la psyché humaine via le langage, l'autre analysait le comportement. Je pense que l'un ne va pas sans l'autre. Il va sans dire pour moi que l'inconscient agit sur nos actions et que nos actions se déterminent via l'inconscient. On pense pour agir mais notre pensée est sous influence de notre moi profond, lui-même déterminé par de multiples facteurs familiaux et environnementaux qui ne lui permettent pas toujours le libre arbitre espéré... En tout cas pour moi chacune a mis sa pierre à l'édifice et je comprends mieux maintenant pourquoi chacune m'a séduite à sa façon.

Mon éveil à la psychologie cognitive et portée neuroscientifique
• • •

La psychologie cognitive m'a ouverte aux neurosciences. Actuellement des pas de géant s'accomplissent, notamment avec la découverte de la neuroplasticité du cerveau, et l'on se rend compte du formidable potentiel thérapeutique que ce soit d'un point de vue médical ou psychologique... Cette découverte a transformé radicalement notre vision du cerveau et de notre potentiel de transformation via des outils éducatifs, thérapeutiques ou autres...

La plasticité cérébrale c'est le fait que par l'apprentissage on peut modifier les réseaux neuronaux. Tout se réorganise sans cesse au fil des informations que nous traitons. Le neurone est susceptible de se développer ou de régresser en fonction de son implication dans un réseau. Même le corps cellulaire impliqué dans l'expression génétique se module, et dans cette portée épigénétique c'est dire si les perspectives sont immenses... D'ailleurs je cite cette recherche fondamentale pour ma propre réflexion du groupe de Giacobino Ariane à Genève : ses membres ont trouvé en 2017 qu'un choc émotionnel (problématique de viol) génère une transformation de certaines cellules, modification génétique que l'on retrouve chez l'enfant de celui ou celle qui a été choqué, et plus marqué encore chez le petit enfant qui n'existait pas au moment des faits. On peut en déduire au vu de ce résultat que des problématiques familiales peuvent nous impacter et/ou nous bloquer à notre insu. À l'écoute des facteurs transgénérationnels, je peux vous confirmer que les sabotages sont souvent immenses. La thérapie LIBRE a pour vocation de mettre cela en lumière et d'aider les patients à se libérer de ces carcans familiaux. Ce que je vous détaillerai plus loin...

En tout cas toutes ces avancées sur le cerveau m'intéressent à plus d'un titre et c'est ce que je vais vous livrer maintenant :

D'une part cette plasticité valide le fait que nous sommes inévitablement influencés par notre environnement, environnement familial d'un côté mais bien sûr aussi environnement collectif. C'est bien ce que l'on relie en psychologie aux notions d'inconscient collectif et familial. L'inconscient collectif est un concept développé par C.G. Yung, collectif « parce que, au contraire de l'inconscient personnel, il n'est pas fait de contenus individuels plus ou moins uniques ne se reproduisant pas, mais de contenus qui sont universels et qui apparaissent régulièrement » nous dit-il.

L'inconscient individuel fait plutôt référence à celui que Sigmund Freud a longuement étudié au travers de son immense œuvre. C'est plutôt tout ce qui renvoie à nos fantasmes, rêves, phobies… tout ce qui fait que notre intériorité est unique et subjective.

Pour ma part et au regard de notre actualité, je verrais dans l'inconscient collectif un immense réservoir de pensées d'influences diverses, qu'elles soient celles diffusées par le groupe famille dans son présent et son passé ou celles diffusées plus spécifiquement par une culture, un collectif laïque ou religieux...

Et il n'est pas impossible que toute notre subjectivité soit finalement sous l'influence de l'éducation que nous recevons puisqu'à la lumière des neurosciences nous constatons que notre cerveau est en perpétuelle transformation.

Cela m'intéresse à plus d'un titre car cela valide aussi notre posture de thérapeute dans la mesure où dans le dispositif thérapeutique, le thérapeute a certaines connaissances qu'il a acquises au cours d'un long travail et de son expérience, à la fois personnelle et clinique, qu'il met à disposition d'un patient pour l'aider dans la résolution de ses problématiques.

Par contre, c'est un travail laborieux qui demande des entretiens très rapprochés, ce que proposent d'ailleurs les courants analytiques. On a cette expérience qu'il faut faire travailler le cerveau à intervalles réguliers pour le mobiliser suffisamment. Les neurosciences confirment que le cerveau a besoin de beaucoup d'efforts pour créer un circuit neuronal parallèle dans le cas où un circuit est détérioré (par accident ou maladie). Avec ce que je vous propose aujourd'hui dans un cadre thérapeutique pour des problématiques psychiques, on peut espérer provoquer des transformations tellement profondes et efficaces que le travail thérapeutique va gagner en efficience et la puissance thérapeutique en sera décuplée. Et ceci grâce en grande partie au soin énergétique inspiré de la méthode NAET qui apporte une libération de l'émotion en profondeur.

La science nous éclaire également sur la psychologie de l'enfant. Ce qui est un pan de notre discipline non négligeable dans la mesure où beaucoup de choses se jouent dans la petite enfance. Le cerveau en pleine maturation a des caractéristiques spécifiques qu'il ne faut pas négliger pour trouver des méthodes éducatives plus pertinentes.

Plusieurs ouvrages à ce propos nous rendent compte de l'importance de la bienveillance et de l'amour pour la construction cérébrale du petit d'homme. C'est le cas de ceux de C. Guéguen et I. Filliozat. Leurs ouvrages nous incitent à éduquer nos enfants avec une grande affection si l'on ne veut pas endommager leur cerveau. Toutefois, cela ne tient pas forcément compte du fait que chaque parent fait bien comme il le peut, en fonction de son histoire et des blessures qui le contraignent inévitablement dans la relation. Pour ma part, j'inciterai les parents à la réflexion dès lors qu'ils sentent leurs limites. Une aide par des professionnels de la santé mentale est l'attitude intelligente à adopter pour ce faire. Je valorise d'ailleurs toujours la démarche des parents qui se tournent vers moi pour que je les aide. C'est toujours une chance pour un enfant d'avoir un parent (ou les deux idéalement) qui s'en remet à un tiers face à la complexité de notre existence.

Françoise Dolto, en tant que précurseur de la psychologie infantile et fervente militante de la « cause des enfants », nous alertait déjà sur l'importance du langage et de la communication par les gestes et le regard, et la nécessité de dire la vérité aux enfants. « L'enfant a toujours l'intuition de son histoire. Si la vérité lui est dites, cette vérité le construit » nous disait-elle. Cette remarque va pouvoir aujourd'hui trouver sa validité scientifique. Lever les tabous familiaux me semble donc indispensable.

L'expérience inhumaine de Frédéric II de Hohenstaufen au XIIIe siècle était également un précurseur. Elle a consisté à isoler 6 bébés en donnant pour consigne aux nourrices de les nourrir exclusivement sans leur parler. Il voulait voir quelle langue allaient développer les bébés ; malheureusement ils sont tous morts. Cela nous apporte déjà un éclairage sur l'importance du langage dans le développement humain. Cette expérience est cruellement fascinante dans son décodage sous-jacent, nous qui avons tendance à croire que notre survie dépend avant tout de ce que l'on mange. Elle interroge aussi sur l'importance du sentiment affectueux à notre survie. Cela semble corroborer les dernières découvertes des neurosciences qui mettent l'accent sur l'importance de prendre soin des enfants dans l'amour.

D'autre part, j'ai l'impression que dans nos sociétés occidentales, trop de peurs polluent notre santé mentale. D'une part, au regard de l'expérience de Giacobino, on peut émettre l'hypothèse que dès la naissance on naît avec un capital peur lié à notre héritage familial. C'est déjà ce qui a été repéré cliniquement par un certain nombre de thérapeutes, et notamment Anne Ancelin de Schützenberger qui a écrit quelques ouvrages à propos de généalogie. Personnellement je m'interroge souvent sur cet aspect-là de notre fonctionnement quand je reçois en consultation des enfants pour lesquels les parents décrivent un bébé qui fut très agité, alors que rien dans son anamnèse ne l'explique. J'essaye de faire les liens avec les traumatismes des parents ou grands-parents pour les traiter puisque ma méthode le permet. D'ailleurs la méthode nous permet même de le valider grâce au test de kinésiologie que nous utilisons pour repérer les problématiques à traiter. C'est toujours une grande surprise pour les patients de constater que le divorce des grands-parents est toxique pour eux ou la mort du grand oncle Pierre qu'ils n'ont jamais connu… Autant d'évènements auxquels ils ont participé peu ou prou et même pas du tout, n'existant souvent pas encore au moment des faits.

Les peurs, c'est aussi tout ce que l'on perçoit dans notre environnement qui peut les susciter. Ce sont les amygdales, deux glandes en forme d'amande situées près de l'hippocampe, qui ont la capacité de les ressentir et de moduler nos réactions en fonction de l'urgence vitale, pour que notre système réagisse rapidement à un danger.

Cet ensemble amygdale et hippocampe avec l'hypothalamus et le cortex singulaire est aussi ce que l'on appelle système limbique ou cerveau émotionnel, en association aux cerveaux reptilien et néocortex. Le cerveau a donc la mémoire de nos émotions ; il interagit sans cesse avec nos réactions et prises de décisions. Mon idée c'est que plus on a stocké des peurs, plus notre néocortex va raisonner en fonction de ces peurs et plus difficiles seront nos prises de décisions. Le problème également c'est que trop de peurs sont stockées qui ne sont pas en lien avec un danger immédiat. C'est ce qui va faire qu'une personne se sent alors bloquée dans sa vie et prend l'initiative de rencontrer un psychologue pour l'aider. Ainsi, plus on sera efficace sur la levée des peurs, plus la vie de la personne devrait s'améliorer et ses prises de décisions en être facilitées.

La perception des émotions est essentielle à notre survie bien sûr. Mais la question que je me pose est la suivante : dans le contexte actuel où la peur est omniprésente à travers l'actualité et les médias qui la diffuse, ne sommes-nous pas saturés de peur qui risque d'inhiber notre système de réaction à terme ? En tout cas, c'est une hypothèse qui m'amène dans ma pratique, et grâce à mon outil thérapeutique qui le peut, à libérer au maximum les peurs chez mes patients, en leur redonnant en parallèle la confiance en la vie, indispensable à mon avis à la santé mentale.

L'amour est aussi une notion fondamentale pour moi car trop de paroles blessantes nous dévalorisent et altèrent notre confiance. Un article de Martin du Pan atteste d'ailleurs de l'effet de l'ocytocine, hormone de l'amour, sur la confiance et le lien social. Cette hormone pourrait inhiber l'activité de l'amygdale limbique justement impliquée dans la détection de la peur. Transmettre des valeurs de bienveillance et d'empathie dans nos thérapies me paraît donc essentiel pour réduire le stress et augmenter la qualité de nos relations sociales fondamentales à notre bien-être. Une étude américaine réalisée durant 70 ans a d'ailleurs permis de corréler qualité relationnelle et espérance de vie. Il semblerait que nous vieillissons plus longtemps et en meilleure santé si nous avons de bonnes relations avec notre entourage.

Mon éveil à la psychanalyse

• • •

Voyons maintenant comment la psychologie clinique a éclairé mon parcours et particulièrement son corolaire, la psychanalyse.

Tout d'abord, cette démarche m'a enseigné l'importance du langage dans toutes relations humaines. « Nous naissons dans un bain de langage » disait J. Lacan et c'est peu dire les conséquences que cela a donc sur notre développement.

C'est pourquoi la partie entretien dans toutes thérapies sera d'une importance capitale.

C'est aussi une demande que le patient nous adresse quand il vient nous consulter. Il nous demande de l'aider dans sa vie. C'est également une demande d'amour suggère J. Lacan. J'aime cette idée car il en va de même dans toutes relations que nous créons, nous attendons bien souvent que l'autre nous aime. Le bébé déjà sait pleurer quand il a besoin d'attention, de cet amour que nous avons vu nécessaire au travers de l'expérience de Frédéric II de Hohenstaufen. Imaginez donc l'importance des réactions neurochimiques quand le bébé reçoit l'attention qu'il réclame. À l'inverse on imagine alors combien une carence affective peut être délétère sur le cerveau. Mais encore faut-il avoir été suffisamment aimé pour aimer à son tour. C'est là notre rôle de thérapeute, pouvoir restaurer le patient, d'abord dans l'amour qu'il aura pour lui-même, ce qui lui permettra ensuite de le diffuser autour de lui.

La confiance en soi et la capacité à s'aimer sont indispensables à notre bonne santé psychique. Ce n'est bien sûr pas l'ego, qui nous laisserait penser que nous sommes supérieurs, mais s'aimer pour mieux se respecter dans ses aspirations et affirmations. Et je suis convaincue que pour respecter les autres, il faut d'abord savoir se respecter, repérer ses ressources et accepter ses limites, sa nature et ses désirs.

Le langage c'est aussi beaucoup d'autres choses. Il est conditionné par la langue maternelle qui nous inscrit d'emblée dans une culture, avec ses codes et spécificités. Il est aussi conditionné par la manière dont on se parle dans la famille ou avec l'entourage social.

Il a des règles spécifiques, des « lois » et je vous renvoie à ce propos au livre de J. Légaut, « Les lois de la parole », qui fût telle une bible pour moi à l'époque.

La réflexion sur la nécessité du langage dans l'histoire humaine me paraît être une prémisse indispensable à notre posture thérapeutique. Pourquoi ? Parce que le langage ne sert pas qu'à décrire bêtement les choses. Il a une infinité de subtilités qui vont en faire toute sa complexité. En tant que thérapeute c'est un apprentissage constant que de pouvoir déjouer les pièges de la communication.

Au préalable il est probable qu'il ait servi à décrire l'environnement pour pouvoir interagir en groupe. Mais rapidement il a aussi permis de poser des règles comme les 10 commandements, pour pouvoir vivre ensemble. Et nous savons tous, toute l'équivocité qui le caractérise, qui fait que trop souvent nous sommes dans le malentendu et que nous avons du mal à nous comprendre. Cela bien sûr attise les souffrances et les blessures. La méchanceté, le mensonge, la calomnie, la trahison existent bel et bien et affectent considérablement notre confiance quand nous y sommes confrontés. La communication est alors pervertie, compliquée, voire impossible et il est important de définir une position juste pour s'en sortir. Mais nous-même, nous pouvons être aussi aux prises de ces pièges que notre belle discipline la psychologie peut nous apprendre à déjouer.

Le langage c'est aussi ce qui se différencie de la pensée dans son sens littéral. On peut tout penser mais on ne peut pas tout dire. En cela, ce qui va être dit dans un entretien est l'essence même de la thérapie du fait que la mise en mot des problématiques participe déjà au soin. La mise en mot qui n'est pas la pensée peut venir alors donner un éclairage supplémentaire alors que la pensée parfois s'égare et on peut perdre le fil. Le thérapeute est justement là pour contenir cette pensée, pour mieux mettre en lumière les principaux éléments qui vont nous aider à avancer.

En comparaison avec des thérapies énergétiques pures telle que l'acupuncture, s'exprimer par la parole me semble une nécessité pour que le patient prenne conscience de ses souffrances, problématiques et symptômes. C'est une manière aussi de réaliser notre complexité et sentir la nécessaire analyse du mal-être qui justifie la consultation. Le thérapeute sera alors là pour l'aider à formuler et reconnaitre ses blocages, ses blessures et les émotions qui en découlent. L'issue du travail thérapeutique sera de trouver des actes à poser pour concrétiser la transformation attendue.

L'écoute sera donc pour ce faire le pendant indispensable au dispositif thérapeutique. Elle se devra d'être une écoute bienveillante en toutes circonstances et si j'insiste là-dessus c'est que nos éducations aux jugements nous polluent trop souvent ; mais je crois profondément que nos âmes de thérapeutes peuvent s'élever au-delà de cela par un travail en profondeur de nos émotions, comme le propose la thérapie LIBRE.

Nous devons par là même travailler à notre compassion, celle qui doit nous animer dans l'amour pour viser le bien de nos patients. Cette notion de compassion chère à mon cœur permet que nous ne soyons pas dans l'empathie, posture qui nous mènerait plutôt à nous identifier aux problématiques de nos patients et qui nous limiterait de fait dans notre action thérapeutique. Il est bien évident qu'inévitablement nous sommes à la limite de cette empathie quand les histoires de nos patients font cruellement écho à la nôtre. Mais toujours grâce à la thérapie LIBRE, je pense sincèrement que tout cela peut et doit se travailler.

Et quelques soient les méthodes qu'il utilise, un thérapeute ne peut faire l'impasse d'un travail sur lui-même et d'un partage de son travail avec ses pairs.

Libération et Émotions

• • •

Pour conclure ce chapitre, j'évoquerai les trois termes qui composent le titre que j'ai choisi pour nommer cette thérapie que je vais vous décrire : libération émotionnelle et résilience.

Je suis très heureuse d'être psychologue aujourd'hui car j'ai la conviction que notre discipline est en plein essor et j'expérimente moi-même ses nouvelles performances chaque jour ; c'est pour cela que j'ai hâte de partager mes connaissances.

Tout d'abord, la notion d'émotion est le cœur de notre travail. Les thérapeutes que nous sommes accueillent avant tout leurs patients dans l'écoute attentive de ce qu'ils ressentent. Il est d'ailleurs important d'entendre comment le patient exprime son émotion. Certains déversent un excès émotionnel que la thérapie aura pour but de canaliser alors que d'autres auront plus de mal à dire leurs émotions et devront apprendre dans le suivi à les reconnaître et les verbaliser. Ceux qui sont dans un excès émotionnel peuvent être des patients qui se sentent victimes et nous devrons alors les guider à sortir de cette posture qui est la plus délétère pour notre équilibre. Même si nous pouvons être réellement victime de malveillance, nous avons les ressources en nous pour nous affirmer et ne pas rester sclérosé dans cette spirale. Avec la thérapie LIBRE nous pourrons justement les aider à sentir leurs ressources, sentir que tout peut se transformer à partir de soi-même. On ne peut pas changer les autres, on ne peut pas changer le monde, mais on peut radicalement se transformer et de fait, changer notre rapport au monde et aux autres. C'est une prémisse indispensable à notre travail de thérapeute que d'avoir cela en tête.

La Communication Non Violente (Marshall Rosenberg) me semble un bon outil pour nous donner des repères en ce sens. Marshall Rosenberg a fait une liste d'émotions à laquelle on peut se référer et une liste des besoins sous-jacents. C'est un bon appui pour guider nos patients à faire le pont entre ce qu'ils ressentent et le besoin qui en découle. Ce qui les aidera à formuler des demandes plus claires pour résoudre leurs conflits. Il est bien évident que cet outil est subtil, on ne peut bien sûr prendre en compte ses besoins sans avoir pris en compte aussi ceux des autres. Communiquer non violemment nécessite respect, bienveillance, écoute et on ne peut tendre vers cela qu'avec un profond travail sur soi, car nous communiquons aussi avec nos blessures qui peuvent être de véritables parasites dans nos relations aux autres. Cela sera aussi travaillé grâce à notre outil, la thérapie LIBRE car les stages de CNV ne sont souvent pas suffisants. Ils permettent déjà un éveil mais il manque cette libération de l'émotion parasite qui nous empêche trop souvent de trouver la posture juste à laquelle on aspire. Tendre vers ce qui est juste pour soi ne peut être que juste pour l'autre. C'est aussi une règle de base à la thérapie LIBRE.

Ressentir et exprimer ses émotions est fondamental. Peur, colère, tristesse sont les trois principaux états qui peuvent nous traverser. Apprendre à les accueillir nous permettra de mieux les dépasser car souvent ils nous ont envahis au fil du temps et des épreuves. Parfois nous les avons enfouis et ils nous rongent de l'intérieur, parfois ils se déversent comme un torrent qui ne tarit pas. Les émotions vont et viennent au gré de nos humeurs et de ce que nous vivons, c'est notre baromètre, le temps qu'il fait dans notre corps et notre cœur. Nous devons accepter cela pour vivre en paix et en sérénité, toujours se dire qu'après la pluie vient le beau temps. La méditation est un très bon outil en ce sens car elle propose ce temps pour faire le point sur notre état, accueillir, ressentir, et laisser passer. Méditer c'est très simplement se concentrer sur sa respiration comme un métronome qui donne la mesure de la vie, comme une musique qui se crée au fil des notes qui s'impriment sur la partition. La méditation permet de s'accorder pour trouver la mélodie qui nous correspond.

La finalité de la thérapie LIBRE sera aussi de faire intégrer aux patients des émotions de joie, de paix, de sérénité, de calme, de bonheur... Et cela grâce à l'état modifié de conscience que nous proposons à chaque fin de séance. Ce temps doit permettre les réactions neurobiologiques attendues en vue de la guérison. Apporter des hormones de bonheur pour créer une transformation profonde.

Cette transformation sera d'autant plus efficace que la thérapie LIBRE apporte d'abord la libération de l'émotion grâce aux soins énergétiques que je vais vous présenter et qui sont la pierre de lance de cette thérapie. Les états modifiés de conscience tels que l'hypnose sont déjà utilisés de plus en plus dans les milieux de soins en général. Abandonnés longtemps pour des raisons politiques et idéologiques, ils sont à nouveau mis sur le devant de la scène et n'en finissent pas de faire leurs preuves. Et je pense que, associé aux soins énergétiques que je propose, un état modifié de conscience peut apporter un espoir supplémentaire de guérison par la libération de l'émotion.

Certains peuvent penser que ce terme de libération est un peu fort mais je l'ai choisi volontairement car il fait référence à ce que je ressens dans mon être profond grâce à un chemin de vie pas toujours très simple, souvent éprouvant mais au final tellement enrichissant. La liberté est un terme très prisé des philosophes qui ont beaucoup disserté à ce sujet, beaucoup moins des psy en général, qui voient plutôt l'homme comme un être manquant et divisé. Lacan disait qu'il faut sentir du manque pour désirer. Certes notre envie peut nous mener toujours plus loin, désirer un conjoint puis une famille, évoluer dans son travail, désirer faire du sport, une balade, une soirée entre amis… Mais ce qui me semble essentiel aujourd'hui à travailler c'est notre rapport à tout cela, comment allons-nous vivre tous ces moments dans le ici et maintenant. C'est ce que la méditation appelle la pleine conscience, cette capacité de savourer l'instant présent. Trop de stress a pollué et pollue encore notre santé mentale ; ce qui fait que nous n'apprécions pas toujours ce que nous désirons quand nous y accédons. C'est pour moi la libération de faire travailler notre esprit à vivre l'instant présent avec toute l'attention possible pour se sentir vraiment heureux, dépourvu du stress et des angoisses générés par un environnement qui n'est pas toujours propice à l'apaisement.

Face à une vie citadine de plus en plus tumultueuse, nous avons en tant que psychologues, notre rôle à jouer. L'engouement pour la méditation et l'hypnose en est la preuve. Et nos techniques doivent s'adapter à cette modernité.

C'est l'occasion pour moi de faire un aparté sur les différents courants de pensées de la psychologie. J'ai d'abord un profond respect pour tous les précurseurs de cette discipline, tous courants confondus comme je le disais précédemment, car ce sont avant tout des hommes et des femmes qui ont eu la passion de l'homme, découvrir ses mécanismes psychiques, inventer des dispositifs thérapeutiques, nous sensibiliser à la psychologie de l'enfant. Tout cela pour évoluer toujours plus au gré des possibilités de notre époque, de notre ouverture d'esprit qui se façonne avec le temps.

Aujourd'hui nous avons la chance de viser le bonheur, ce qui n'a pas toujours été le but des thérapies antérieures ; mais à leur corps défendant elles n'en avaient pas encore les moyens.

Aujourd'hui on peut le faire espérer à ceux qui nous consultent. Aucune baguette magique, mais des outils réellement plus actifs en profondeur si tant est que l'on s'en donne les moyens.

Bien sûr il y aura toujours des résistances et des mécanismes de défenses. On ne pourra pas mener le patient plus loin que ce qu'il peut. Mais par un travail énergétique sur les blocages émotionnels il n'est pas improbable qu'on le mène bien plus loin que si l'on ne travaille que sur ce qu'il dit. Il y a une temporalité pour chacun que nous devons respecter. Il y aura aussi des moments qui seront plus propices pour avancer.

Lors de mes entretiens en cancérologie, j'ai d'ailleurs repéré que l'on ne travaille pas de la même manière avec des patients qui démarrent un suivi psychothérapeutique au moment de l'annonce de la maladie qu'avec ceux qui viennent plus tardivement, quand ils sont à bout de souffle face à des traitements très lourds, ou même ceux qui consultent quand les traitements sont terminés, moment souvent compliqué aussi pour les patients. J'ai l'impression qu'au moment de l'annonce il y a comme une porte ouverte.

Les suivis sont beaucoup plus productifs me semble-t-il quand ils sont mis en place dans ce temps de l'annonce.

Quand la maladie est plus installée, j'ai l'impression que c'est plus laborieux. On avance plus tranquillement. Mais un moment de crise peut à nouveau ouvrir la porte. Je pense notamment à une patiente que j'ai suivie pendant plusieurs mois pour un grave cancer des ovaires, mois pendant lesquels je l'ai aidée à trouver des ressources pour faire face à la maladie et à une actualité douloureuse. Elle avait d'ailleurs de très belles ressources et les séances lui permettaient de s'apaiser et se détendre. Puis un jour la maladie s'est emballée, elle a dû être alitée et le suivi s'est interrompu. Mais elle avait aussi cet élan vital qui a fait qu'elle s'est relevée et lorsqu'elle est revenue me consulter, le travail a pu prendre une toute autre tournure. Nous avons pu travailler sur son histoire familiale. Ce qui lui a bien sûr fait faire des bons de géant. Malheureusement la maladie aura eu gain de cause au final car on ne peut lutter contre la fatalité mais les retours enthousiastes de ses proches sur l'accompagnement par cette thérapie m'ont confirmé que l'on peut apaiser le mental et l'aider à faire face aux souffrances de la maladie, préparer le mental à l'inéluctable tout en vivant le douloureux présent dans l'espoir.

Faire travailler mes patients à garder espoir est fondamental pour moi car, dans l'idée que la pensée est créative, l'espoir est une pensée positive qui allège les souffrances à mon sens. Et quand bien même la mort s'approche, le patient accueille le soir de sa vie avec les ressources qu'il a exploré dans nos séances, et sa connexion à l'intime de sa mort peut advenir. La part de lui qui perçoit cette réalité surgira tôt ou tard et peut d'ailleurs permettre, dans ce temps, la résolution de certains conflits...

Résilience

• • •

Enfin le dernier terme que j'ai utilisé pour nommer ma thérapie c'est le terme de résilience. Je suis très attachée à ce terme car nul n'échappe à ses épreuves quel que soit le travail thérapeutique que l'on fait et travailler à cette résilience doit nous permettre de trouver les ressources pour dépasser nos épreuves et en sortir grandis toujours. J'ai été sensible très jeune à ce terme de résilience car j'avais une grand-mère qui avait fait de la mort de son père en camp de concentration le drame de sa vie. Autant dire que ma grand-mère a été terriblement malheureuse toute sa vie. En parallèle, j'ai découvert Simone Veil qui, à l'inverse, n'est pas restée figée sur toutes les pertes humaines qu'elle a subies pendant cette même période. On sait ce qu'elle est devenue et l'immense carrière qu'elle a fait en politique témoigne de sa résilience qui lui a permis sans doute cette créativité.

Ce concept de résilience est le noyau central de ma posture thérapeutique et le but de cette thérapie que je propose. Mon postulat est que l'amour que le thérapeute a pour son patient doit permettre à celui-ci de se réhabiliter dans sa capacité à faire face aux aléas de la vie, par la guérison de ses blessures et traumatismes. On ne peut travailler qu'avec le cœur me semble-t-il.

Boris Cyrulnik nous dit que la résilience est « la capacité de rebond de l'adulte après le choc, qui aura appris à aimer dans la gaieté et le respect de l'autre, dans un système de poly-attachement :

papa, maman, mais aussi les grands-parents, les cousins, les amis des parents ».

Au regard de la neuroplasticité, j'ose espérer que notre travail de thérapeute a cette vocation et la potentialité de sa réalisation. En tant que thérapeute, nous faisons partie intégrante de ce système de poly-attachement.

Transfert et contre transfert sont la clé de voûte de ce qui lie le patient à son thérapeute, un attachement nécessaire au travail thérapeutique. Ces notions sont grandement développées en psychologie car c'est le facteur déterminant pour une thérapie engagée. Il faut que le patient fasse confiance à son thérapeute pour la mise en œuvre du travail. Comme le disait Lacan, il est nécessaire qu'il lui suppose un savoir. Dans ce transfert peuvent se rejouer les problématiques à explorer. Et quand le thérapeute a travaillé à sa propre résilience, à mon avis son positionnement dans le transfert en sera facilité, et sa transmission d'une posture résiliente à ses patients sera plus efficiente.

CHAPITRE 2

Parcours personnel et professionnel

« Une vieille dame chinoise possédait deux grands pots, chacun suspendu au bout d'une perche qu'elle transportait, appuyée derrière son cou. Un des pots était fêlé, alors que l'autre pot était en parfait état et rapportait toujours sa pleine ration d'eau. À la fin de la longue marche du ruisseau vers la maison, le pot fêlé lui n'était plus qu'à moitié rempli d'eau.

Tout ceci se déroula quotidiennement pendant deux années complètes, alors que la vieille dame ne rapportait chez elle qu'un pot et demi d'eau. Bien sûr, le pot intact était très fier de ses accomplissements. Mais le pauvre pot fêlé, lui, avait honte de ses propres imperfections, et se sentait triste, car il ne pouvait faire que la moitié du travail pour lequel il avait été créé.

Après deux années de ce qu'il percevait comme un échec, il s'adressa un jour à la vieille dame, alors qu'ils étaient près du ruisseau. "J'ai honte de moi-même, parce que la fêlure sur mon côté laisse l'eau s'échapper tout le long du chemin lors du retour vers la maison".

La vieille dame sourit : "As-tu remarqué qu'il y a des fleurs sur ton côté du chemin, et qu'il n'y en a pas de l'autre côté ? J'ai toujours su à propos de ta fêlure, donc j'ai semé des graines de fleurs de ton côté du chemin, et chaque jour, lors du retour à la maison, tu les arrosais. Pendant deux ans, j'ai pu ainsi cueillir de superbes fleurs pour décorer la table. Sans toi, étant simplement tel que tu es, il n'aurait pu y avoir cette beauté pour agrémenter la nature et la maison" ». *(Anonyme)*

Avant d'entrer dans la description détaillée de la procédure de la thérapie LIBRE, voici quelques éléments importants de mon histoire qui font celle que je suis aujourd'hui, animée par la passion de mon travail et le désir de partager mon expérience.

Tout d'abord, en toute honnêteté, je dirais que j'ai eu une enfance heureuse. Du côté maternel, on m'a transmis des valeurs d'amour, de travail, de l'importance du lien familial et du respect des autres. Il y avait quelques conflits familiaux mais nous avons été préservés de grands drames. Du côté paternel c'était plus fragile. Mon père est fils unique, abandonné par son père de naissance et élevé par une mère très tourmentée et fragilisée par les déboires de la guerre 39-45, son propre père étant décédé dans un camp de concentration comme je vous le disais. Les influences religieuses catholiques d'une part et juives d'autre part ont bercé mon enfance sans m'imposer de dogmes. Mais ma quête de spiritualité a été très présente tout au long de ma vie. Et je ressens aujourd'hui que c'est une chance d'avoir pu explorer les univers religieux par le prisme de ma lorgnette, sans contraintes ; ce qui aujourd'hui me donne avant tout la foi en l'homme.

Mes tourments ont commencé adolescente comme beaucoup. Ce temps où l'on perçoit que tout se transforme, que le temps passe et que l'enfant que l'on est doit se préparer à être l'adulte qu'il sera demain. La fin de l'enfance a été un passage éprouvant pour moi, de crise de spasmophilie en angoisses de mort, j'ai bravé les tempêtes malgré tout. Sept années de psychanalyse m'ont considérablement aidée, d'abord à me libérer de mes angoisses de mort, puis à m'engager dans la vie. Je suis devenue psychologue et me suis mariée. J'ai eu 4 enfants de ce mariage qui vient tout juste d'être rompu.

Si mon enfance fut douce, ma vie d'adulte le fut beaucoup moins jusque-là même si je peux dire que je me sens heureuse malgré tout, riches d'expériences auxquelles j'ai fait face.

D'abord il y a eu l'épilepsie de ma fille Mathilda, que nous avons porté à bout de bras depuis ses 18 mois pour la traiter de cette maladie atypique et pharmaco-résistante. Cela veut dire simplement que la cause de son épilepsie nous était inconnue et que nous sommes donc allés d'échecs thérapeutiques en échecs thérapeutiques, très éprouvants pour le couple que nous formions mon mari et moi et qui n'y aura pas survécu.

J'ai tiré beaucoup de leçons de toutes ces épreuves mais celles que je retiendrai sont les suivantes:

D'une part, concernant la maladie de Mathilda, mon moteur principal est de me dire que « c'est l'énergie de vivre qui guérit ». Je tire cette phrase du docteur Philippe Dransart et je dois dire que cela a fait ma force. J'ai toujours fait en sorte depuis sa première convulsion que l'on reste très vivant autour d'elle. Et même si la maladie nous a imposé des contraintes car Mathilda est très fatigable, nous sommes restés très entourés par les amis et la famille. Je n'ai pas souhaité endosser le rôle de la mère protectrice qui aurait pu la mettre dans une bulle, mais j'ai plutôt tenté d'être une mère béquille, faire tout ce qui est en mon pouvoir pour lui permettre de grandir à son rythme. Une petite tortue qui puisse aller bien plus loin que le lièvre, là est tout mon espoir...

Bien sûr, cela a été très lourd pour l'ensemble de la famille mais ma confiance en la vie est restée inébranlable et je me dis que cela a dû contribuer au fait que nous avons eu de belles personnes ressources autour de nous pour nous aider.

Contrairement à moi, mon mari a mal vécu la maladie de Mathilda. Ses angoisses se sont donc majorées au fil du temps jusqu'à l'explosion familiale et notre définitive séparation.

J'ai espéré longtemps pouvoir aider mon mari grâce à mon amour, pensant que l'amour guérit de tout. Malheureusement j'ai dû capituler quand je me suis rendue compte qu'il n'attendait plus aucune aide de ma part. Par contre, lorsque j'ai réalisé cela je voyais que beaucoup de belles choses m'arrivaient malgré tout et j'ai alors compris que l'amour nous guérit nous-mêmes. Moi qui disais tous les jours à mes patients qu'on ne peut pas changer les autres, on ne peut que se changer soi-même, j'avais oublié de me l'appliquer. Remettre les pieds sur terre m'a permis de guérir définitivement de cette histoire.

Je ne crois pas que l'on puisse forcer le destin, le destin s'impose à nous et c'est dans le lâcher prise que la vie nous offre ses plus beaux cadeaux. Seulement bien sûr ce lâcher prise, c'est tout un chemin, tout un travail sur soi, ce dur labeur nécessaire pour tenter d'être heureux.

Un travail sur soi est une nécessité pour moi quand nous sommes trop envahis par nos peurs et nos blessures, nos tristesses et colères, angoisses et traumatismes. Nous devons à l'avenir prendre conscience que le mental s'entretient au même titre que le corps. La réapparition de la méditation dans notre quotidien et sa validation scientifique en sont l'apanage.

Ce que la vie m'a appris encore c'est que la pensée est créative. Quand on pense avec amour et bienveillance on en reçoit autant en retour, même si bien sûr on n'échappe pas à la méchanceté. Ce que je veux dire c'est que la méchanceté et la malveillance existent ; il faut le reconnaître et l'accepter, mais vous ne pouvez que mieux vous en extraire si vous restez dans une pensée juste, en vous affirmant toujours bien sûr. Pour ma part, je crois qu'il n'y a pas de gens profondément méchants, nous sommes seulement des gens blessés qui dérapent parfois par ignorance. Quand on vous blesse, vous avez mal et ressentez de la colère, mais laisser la colère vous envahir ne peut que vous détruire encore plus. Elle doit être dépassée. Et je crois que le plus beau chemin est celui du pardon, le plus sain aussi, même si bien sûr il est aussi le plus difficile. Pardonner n'est pas se soustraire à la méchanceté, j'insiste, mais reconnaître que celui qui blesse fait aussi comme il le peut avec son bagage émotionnel. Se pardonner aussi à soi-même nos manquements langagiers inévitables dans notre condition de parlêtre. Être dans une posture juste est tout un travail pour chacun, un chemin qui a ses failles, que nous ne pouvons expérimenter qu'au travers de nos erreurs et échecs, une quête de cette posture toujours à repenser...

Comment en suis-je venue à créer la thérapie LIBRE ?

• • •

La technique que je vous propose aujourd'hui est née de mon travail de psychologue clinicienne formée d'abord à la psychanalyse, méthode qui m'a permis de prendre conscience de l'importance du langage dans notre condition de parlêtre comme je vous le disais précédemment. Plus précisément, tout travail thérapeutique est d'abord une mise en mots de ce qui nous fait souffrir, de la manière dont on restitue cette souffrance et in fine de notre manière de parler avec les autres, le vecteur principal de toute thérapie reposant sur des paroles que l'on entend et celles que l'on formule. Le « psy » fait travailler le patient sur ses conflits psychiques souvent en lien avec ses relations avec les autres pour tendre vers une posture juste pour soi-même dans le respect des autres. Ce travail passionnant est laborieux et complexe et ne s'adapte pas à tous les patients, c'est en tout cas l'expérience que j'en ai faite.

C'est pourquoi j'ai cherché d'autres outils thérapeutiques et je me suis formée chez Béatrice Desprès à l'outil qu'elle a créé et appelé « Thérapie des champs mémoriels ». Praticienne du rêve éveillé au départ, elle s'est également formée à des méthodes inspirées de Roger Callahan, docteur en psychologie qui a découvert que l'on pouvait soulager ses émotions en tapotant des points d'acupuncture. Béatrice s'inspire pour sa part du soin énergétique créé par le Docteur Nambudripad (soin NAET) qui consiste à stimuler le méridien vessie. Elle a associé rêve éveillé et soin énergétique en thérapie brève pour libérer des mémoires traumatiques.

Sa technique a révolutionné mon travail de psychologue. Cette technique m'a profondément transformée et inspirée pour vous proposer aujourd'hui la thérapie LIBRE, un outil novateur pour se libérer d'émotions toxiques mais aussi prendre soin de son mental au fil du temps.

J'ai ensuite apporté quelques aménagements à son outil pour l'intégrer dans un travail thérapeutique au long court. Elle l'utilise de son côté en thérapie brève pour libérer des mémoires traumatiques.

D'une part, j'ai intégré son outil dans un processus de type thérapeutique visant à faire travailler le patient sur l'analyse de ses symptômes et souffrances.

J'ai également simplifié la partie Rêve éveillé que je vous propose d'appeler Rêve éveillé simplifié. Je l'utilise à la fin de chaque séance après avoir exécuté l'intégralité des soins énergétiques. Soit j'amène les patients vers les paysages imaginaires de leurs blocages, blessures ou émotions toxiques, soit je les amène à revivre une scène traumatique et à la transformer par un travail de réhabilitation, dans une guidance bienveillante. Je travaille uniquement sur les problématiques issues de la vie du patient ou liées à son histoire transgénérationnelle. Je refuse de travailler sur des vies antérieures ou ce qu'on peut appeler voyages karmiques. Je tiens à ce que mes patients travaillent sur les problématiques auxquelles ils ont accès consciemment, leurs propres souvenirs ou ce qu'ils savent de leur histoire, ce qu'on leur a raconté de leur ascendance.

Enfin, formée par la suite à des ateliers de méditation et de philosophie par la fondation SEVE (Savoir être et vivre ensemble) sous l'égide de Frédéric Lenoir, je propose à mes patients de réutiliser les images intégrées en séance dans des petits temps de type méditatif quotidiens de deux-trois minutes car prendre soin de son mental nécessite une pratique régulière, c'est aussi important que de prendre soin de son corps en faisant du sport.

Apprendre à méditer n'est pas à la portée de tous dans la mesure où cela demande une implication dans une formation. C'est pourquoi la thérapie LIBRE se propose d'inclure l'incitation à une pratique soutenue de petit temps de pensées positives, recommandée pour notre santé mentale.

Le courant de la méditation et de l'apprentissage d'une pensée de bienveillance et de compassion est très inspirant je trouve. En aidant nos patients à intégrer des pensées d'amour et à réhabiliter leur confiance, on peut les faire travailler en ce sens. Les expériences réalisées sur le cerveau de Mathieu Ricard dans différents laboratoires de neurosciences dans le monde (Lyon, Liège, États Unis) le prouvent : la méditation a de nombreuses vertus pour le cerveau ; intégrer des émotions positives et altruistes transforme notre cerveau et nous libère du stress et de la dépression (Colette Mainguy, « le Nouvel Observateur » du 16 janvier 2014).

Je trouve que le support visuel apporté par le rêve éveillé est un bon atout pour inciter nos patients à retrouver facilement dans leur quotidien des pensées calmes et bienfaitrices au travers de ces lieux de ressourcements, même s'il y a une nuance bien sûr avec un état méditatif traditionnel. Dans la méditation on apprend plutôt à relâcher ses pensées alors que le rêve éveillé dirige la pensée ; mais dans le processus thérapeutique que je propose, il me semble être un atout pour d'abord lâcher les ruminations, les transformer et les remplacer par des pensées plus calmes visant une certaine sérénité.

Cela sera d'autant plus efficace que les soins énergétiques auront aidé à lâcher le mental alors que la méditation demande une exigence et une assiduité bien plus conséquente pour ce faire.

Dans le cadre de la clinique, avec mes patientes atteintes de cancer du sein pour la plupart, dans un premier temps je les prépare à l'opération ou à leurs traitements et leur propose ces petits exercices le temps de leur hospitalisation pour s'échapper de l'univers hostile médical. Puis ensuite, ces exercices sont intégrés à leur suivi pour qu'elles agissent au quotidien sur leur stress. Plus elles se libèrent de leurs blocages émotionnels, plus leur mental s'apaise et leur permet de reprendre le cours de leur vie différemment.

Vous l'aurez compris la thérapie LIBRE est une thérapie qui va s'inspirer de toute l'actualité de la psychologie et des courants alternatifs pour faire travailler les patients sur différents niveaux, chacun nécessaire et complémentaire pour se mettre sur un chemin de vie plus juste et en harmonie avec son être profond et dans la relation aux autres. En se libérant de ses peurs on devient plus confiant, on accède à une pensée positive qui amène la créativité dont on a besoin dans la vie pour avancer...

La libération émotionnelle et la résilience inclue dans le titre de cette thérapie nécessitent un travail approfondi qui ne peut être atteint que dans un engagement au long court. Chaque patient pourra travailler à cela dans sa singularité en fonction de son potentiel, de ses ressources et de ses résistances...

CHAPITRE 3

Méthode

« Le malheur n'est jamais pur, pas plus que le bonheur. Mais dès que l'on en fait un récit, on donne un sens à nos souffrances, on comprend, longtemps après, comment on a pu changer un malheur en merveille. Car tout homme blessé est contraint à la métamorphose ». (Boris Cyrulnik)

La thérapie LIBRE est donc l'articulation de trois grands principes fondamentaux qui, associés, vont faire la force et la puissance de cette technique :

Tout d'abord, l'entretien clinique est primordial pour que le patient se raconte. Cela lui permettra de prendre conscience de ses problématiques. Cela permettra aussi au thérapeute de repérer les souffrances du patient et de les formuler. Un travail au long court est vivement conseillé car les libérations à effectuer sont nombreuses et elles se déterminent au fil du temps et des épreuves. Il n'est pas improbable d'ailleurs que certaines libérations aient des conséquences sur ce qui va se passer ensuite dans la vie du patient. Être accompagné dans ce processus le temps qu'il faut est une nécessité, jusqu'à ce que le patient ait les ressources suffisantes pour continuer sa route seul. Cependant il n'est pas nécessaire de proposer des séances hebdomadaires, comme c'est le cas dans un travail analytique qui impose un rythme soutenu. En analyse, pour que l'esprit se mobilise dans une dynamique de changement il est nécessaire de le faire travailler fréquemment (à certaines époques on proposait même plusieurs séances hebdomadaires). Dans le cas de la thérapie LIBRE, en situation critique on peut proposer des séances à 15 jours d'intervalle mais un travail au long court peut se faire avec une séance par mois. La libération de l'émotion se concrétise dans le temps, et il est important de laisser un peu de délai au patient pour s'approprier ce nouvel état d'être. Ce qui est traité étant libéré, on avance bien plus vite, on fait des bonds de géants. La dynamique de la temporalité thérapeutique est complètement transformée par rapport à des thérapies standards. Par contre, ça ne peut être une thérapie « brève » si l'on veut mener le patient vers un chemin de vie plus harmonieux, dans la perspective de résilience que propose la thérapie LIBRE.

Ensuite, les soins énergétiques vont permettre de travailler ces problématiques par le biais du corps. Ils ont pour effets de libérer les émotions en profondeur. Vous verrez d'ailleurs qu'un test de kinésiologie va nous aider à valider l'efficacité des soins.

Enfin, un état modifié de conscience qui propose de faire voyager le patient dans des paysages imaginaires à la rencontre de ses énergies en souffrance va concrétiser au niveau cérébral la transformation attendue. Cet outil de type méditatif pourra être utilisé par le patient au quotidien ; il est très efficace pour lutter contre le stress et les angoisses. J'ai créé pour cette thérapie le rêve éveillé « simplifié », car le rêve éveillé traditionnel (créé par Robert Desoille dans les années 1920) est une technique de voyages imaginaires plus ou moins complexes alliant fantasmes et rêveries diurnes. Cette partie est très importante pour moi dans le processus thérapeutique car elle stimule notre créativité. Ma guidance est simplifiée dans le sens où je suggère aux patients de laisser monter l'image du paysage de sa colère, de sa tristesse ou de sa peur, ou l'image d'une scène qu'il a vécue, et je le guide à la transformer. C'est l'image réhabilitée obtenue qui lui servira de support pour les petits temps méditatifs conseillés.

L'entretien clinique
• • •

Au préalable, une thérapie c'est avant tout la rencontre entre une personne en souffrance et un thérapeute. Cette personne vient demander de l'aide au thérapeute. Le thérapeute va donc devoir entendre cette demande dans sa globalité et sa complexité. L'entretien peut être très dynamique pour repérer au mieux les modalités de cette demande.

J'ai pour habitude d'amorcer le premier entretien en demandant au patient ce qui l'amène à me consulter. Cela lui permet de formuler sa souffrance. Certains sont très expansifs donc une écoute attentive suffira ; pour d'autres il ne faudra pas hésiter à poser des questions car elles seront nécessaires pour la deuxième étape de la séance.

Le processus dans la thérapie LIBRE va être de repérer les différentes pistes qui serviront aux traitements par le biais des soins énergétiques.

D'une part, on va repérer les blocages. Quand on reçoit une personne il est important d'entendre ce qui la met en difficulté dans sa vie. Cela peut concerner les domaines professionnels, sentimentaux, familiaux, de la santé... Cela peut être des personnes qui n'arrivent pas à être heureux dans leur couple ou dans leur travail... Cela peut aussi concerner plusieurs domaines en même temps bien sûr.

Lors de la première séance, on testera systématiquement la possibilité d'être heureux dans la vie car la beauté de cette méthode c'est justement de mettre les patients sur ce chemin. Ce soin est un préalable pour mettre le patient sur son chemin de guérison. On peut émettre l'hypothèse qu'il va ouvrir les portes à la dynamique thérapeutique. Car même si la question du bonheur est complexe, être heureux est une quête universelle. Et le bonheur est un état auquel on peut aspirer par un travail thérapeutique, ou du moins atteindre un état de paix intérieure, viser une harmonie en libérant le mental de nos charges émotionnelles.

Les blocages autres récurrents que nous testerons au fil du suivi sont la possibilité d'avoir confiance (et nous distinguerons confiance en soi, confiance en les autres, confiance en la vie), la possibilité de s'aimer, d'être joyeux, courageux, chanceux, de pardonner... Bref tout blocage que nous repèrerions comme étant un frein à l'évolution du patient.

La confiance en soi est essentielle pour s'affirmer dans ses convictions et motivations.

La confiance en les autres nous permettra d'établir de meilleures relations, bienfaitrices à notre santé mentale. Nous ne pouvons exister sans les autres et nous devons l'admettre comme telle si nous voulons être plus en harmonie dans le collectif dans lequel nous sommes pris de fait.

La confiance en la vie est également indispensable à notre évolution quoi qu'il se passe dans notre actualité. D'après mon expérience, c'est elle qui nous fait progresser et nous apporte les solutions pour sortir de nos crises.

Et même si tout nous pousse à croire alentour que la vie est un combat, on ne peut que se redresser dans la confiance. La thérapie est là pour nous faire sentir nos ressources et, croyez-le, elles sont immenses pour tout un chacun. Malheureusement beaucoup se sont coupés de leurs ressources au gré des injonctions parentales et environnementales. C'est aussi grâce à la thérapie LIBRE que nous pourrons les restaurer.

Arrivé à ce point du travail sur soi, on remarque que notre transformation a changé notre rapport au monde et aux autres. Libéré des contraintes sociétales et environnementales nous devenons plus créatif et nous pouvons accéder à notre juste place.

Bien entendu ce degré de réussite thérapeutique demande du temps et de l'engagement. Il nécessite un amour inconditionnel de la vie et des autres, travail possible selon les blessures dont on aura pu se libérer.

Et justement l'autre champ que nous devons repérer dans le discours de nos patients concerne toutes leurs blessures. La vie est ainsi faite que personne n'échappe aux paroles blessantes ou actes malveillants.

La blessure d'amour se repère chez tous ceux qui ont manqué d'amour. Et les raisons de ce manque sont bien sûr multiples. Ça peut être l'absence physique d'un ou des parents, mais ça peut être aussi le fait que les parents n'ont pas su témoigner d'amour. On dit que le premier objet d'amour est la mère mais parfois ce lien peut être carencé pour de multiples raisons qu'il faudra explorer si tel est le cas. Une fusion avec la mère serait tout aussi toxique, et le père est d'ailleurs une figure importante dans son rôle de tiers séparateur. Tous deux sont les modèles essentiels à notre construction. Et pourtant il arrive parfois qu'au moins un soit manquant. Des modèles de substitution ont pu alors opérer. Le thérapeute peut être un de ces modèles. En tous cas, avoir été élevé dans l'amour est toujours un atout. La carence affective, au contraire, est extrêmement délétère. Restaurer cette carence est nécessaire pour trouver une harmonie dans sa vie. Il va sans dire par contre que c'est aussi le plus difficile à traiter. Aimer et être aimé est la clé de voûte pour se sentir heureux. Ce sont des blessures qui seront laborieuses à restaurer ; et par un travail approfondi je sais que la thérapie LIBRE en a les moyens...

La blessure d'abandon se repère bien sûr chez tous ceux qui ont été abandonnés. Mais elle peut aussi se retrouver chez de nombreuses autres personnes qui ont du mal avec la séparation. On part toujours d'une fusion avec sa propre mère quand on est bébé et selon notre nature le vécu abandonnique peut être plus ou moins impactant. Il est important que la mère désire ailleurs, qu'elle ne consacre pas toute son attention à son enfant car c'est aussi dans son absence que l'enfant se construit. En ce sens, Winnicott disait qu'elle se doit d'être suffisamment bonne. Mais tout ce processus est extrêmement délicat. La mère peut également ressentir de la culpabilité et des peurs quand elle laisse son enfant, ce qui peut être néfaste pour l'enfant qui capte cela. Ce moment de séparation demande une confiance mutuelle. La mère doit sentir que ce passage est naturel et que son enfant en a les capacités, ce qui favorisera la sérénité de son enfant dans ses moments d'absence.

Il arrive aussi que des enfants naissent avec des bagages émotionnels trop lourds qui ne leur permettent pas la confiance quelle que soit l'attitude de la mère. Ce qui est d'ailleurs très déstabilisant pour les parents. Il faudra trouver la juste prévenance pour que l'enfant soit rassuré et puisse gagner quand même de l'autonomie au fil du temps. Restaurer une blessure d'abandon permettra de contenir ce sentiment d'insécurité que peuvent ressentir les personnes qui portent cette blessure.

Avoir été abandonné dans la réalité est source de nombreux blocages et reconnecter nos patients à ce moment clé de l'abandon dans la libération de l'émotion et la restauration de cet instant au niveau cérébral a des effets apaisants sans précédent. Porter cette blessure par transmission générationnelle peut l'être tout autant et sera également à traiter.

La blessure de rejet est fréquemment associée aux blessures d'amour et d'abandon car lorsqu'on se trouve mal-aimé ou abandonné, inévitablement on se sent aussi rejeté. Ces trois blessures fonctionnent souvent ensemble. Mais le rejet s'associe encore au fait qu'on ne trouve pas sa place. Les autres manifestent des comportements ou des réactions de rejet envers nous. La différence souvent attise le rejet. Quand on n'est pas de la même culture ou porteur d'un handicap il faut avoir suffisamment d'estime de soi pour s'affirmer auprès des autres. Il est particulièrement important dans ce cas de travailler la confiance en soi et restaurer aussi la confiance en les autres. Je reste convaincue que cela est nécessaire pour se faire accepter des autres dans sa différence. Celui qui rejette par méchanceté est bien sûr responsable, mais une part de responsabilité incombe aussi à celui qui se sent rejeté, qui n'a pas acquis la force intérieure suffisante pour s'affirmer. Dans les fratries aussi il peut y avoir des préférences. Cela peut avoir un impact dans le sentiment de rejet.

Se sentir victime ne peut que nous entraîner dans un cercle vicieux et aggraver le rejet. Souvent une personne qui porte cette blessure peut fuir ou se replier sur elle. Elle peut être une personne compulsive (boulimie, alcoolisme...) ou au contraire anorexique, comme pour tenter de disparaître. Libérer cette blessure est la seule solution pour sortir de cette spirale.

La blessure d'humiliation est typique des paroles et actes blessants que nous subissons des autres. Ce sont souvent des paroles dévalorisantes ou insultantes mais aussi des gestes malveillants comme une fessée, ou plus grave, une atteinte à la pudeur... Il est absolument nécessaire de traiter de telles blessures si l'on veut se relever car on se sent souvent rabaissé quand tel est le cas. Il peut en découler également des sentiments de honte et de culpabilité. On peut aussi vouloir se venger, ce qui est tout aussi douloureux car pour moi la vengeance est une pensée négative qui peut se retourner contre nous-même. Je pense en effet que toutes mauvaises pensées contre autrui sont des énergies toxiques qui ne peuvent nous amener que plus de souffrances. Travailler à être en paix psychique avec la personne qui nous a humilié est indispensable pour alléger nos peines.

La blessure de trahison est le fait du mensonge, de la dissimulation, de l'hypocrisie et de la tromperie. Il va sans dire que la confiance en l'autre est alors bafouée. Là encore nous devrons agir pour aider le patient à restaurer sa confiance, primordiale pour être en paix dans ses relations. De même que l'humiliation, la trahison peut nous faire ressentir de la colère voire de la haine. Toutes ces émotions sont parfois légitimes de prime abord mais elles sont à bannir au fil du temps car, comme un poison, elles nous détruisent à petit feu. Ruminer un acte passé nous entrave finalement pour nos actions futures. Il y a même de nombreuses souffrances physiques que nous nous infligeons de cette manière-là. Pour illustrer, je pense à cette patiente que j'ai soignée pour des problématiques de crachats récurrents qui sont tels que toute sa vie sociale en est bouleversée. C'est l'envie de cracher à la figure d'une personne qu'elle rend responsable de l'explosion familiale qui l'empêche de vivre elle sa propre vie. Sa haine et sa colère sont sans limite. Le travail d'apaisement est long mais il progresse sûrement…

Enfin la blessure d'injustice peut se combiner à toutes les autres blessures. Il y a beaucoup d'injustices de toutes parts dans le monde, il faut bien le reconnaitre et parfois une âme de justicier se révèle être créative pour accomplir de belles choses. Malheureusement le sentiment d'injustice peut aussi être un poison. Je le répète, on ne peut pas changer le monde ni les autres, alors plutôt que de ruminer de mauvaises pensées qui nous rongent de l'intérieur, travailler à accepter le monde tel qu'il est. Cela aura d'ailleurs pour effet de nous rendre plus performant dans nos actions. Le sentiment d'être victime qui ressort de toute blessure doit être banni si l'on veut se guérir et avancer plus paisiblement dans la vie. De plus, grâce à la thérapie Libre, on peut découvrir parfois que les injustices que nous subissons peuvent être en lien avec des mémoires traumatiques que nous portons qui sont de véritables sabotages. Travailler à cette analyse et s'en libérer est souvent une belle surprise pour les patients. Vous pourrez découvrir cela à travers le cas de Fanny que je vous présente plus loin... Vous verrez comment, en partant de sa blessure de rejet, nous avons articulé ses difficultés relationnelles et son héritage transgénérationnel.

Quelque soit la blessure que l'on ait subi, il sera important de reconnaître son type et de l'accepter comme sa réalité. Reconnaître aussi en quoi cette blessure nous impacte dans notre vie quotidienne. Je le répète, nous sommes tous des êtres complexes et bien imparfaits mais je crois aussi qu'il n'y a pas de gens méchants. La méchanceté existe car les gens portent des blessures qui leur font commettre des actes méchants.

Et en plus, à la lecture des histoires que j'entends et analyse, on a le sentiment que les relations que l'on tisse avec les autres ne sont jamais vraiment un hasard, comme si nos blessures se répondent en miroir, s'accordent pour rejouer et répéter les scénarios familiaux. Quand on prend conscience de cette réalité, on fait déjà un pas vers sa guérison. Et avec beaucoup de travail parfois on arrive même à pardonner. Reconnaître cela et pardonner ne veut pas dire bien sûr de se laisser marcher sur les pieds, mais en ayant conscience de cette réalité on trouve de meilleurs moyens pour s'affirmer face à l'adversité.

J'insiste aussi pour dire que cette prise de conscience est salvatrice. C'est le chemin idéal pour ne plus se sentir victime de malveillances. Je dis souvent à mes patients que le fait de se sentir victime nous empêche d'être créatifs. Le travail que je leur propose est de trouver les solutions pour poser les actes en conséquence.

Enfin nous devrons repérer toutes les émotions liées à ces blessures et les peurs sous-jacentes aux blocages. Outre la tristesse et la colère qui sont récurrentes et qui peuvent être de véritables poisons pour le corps et l'esprit, il existe de nombreuses émotions que l'on pourra traiter telles le dégoût, l'impuissance, le manque de reconnaissance, la culpabilité, la timidité...

On aidera le patient à exprimer ses émotions pas toujours si simples à décrypter.

On aidera aussi le patient à trouver les besoins sous-jacents à ces émotions. Ce qui lui permettra de poser des actes nécessaires à sa guérison.

Je pars du principe que l'émotion est juste quand elle est justifiée par un évènement et/ou une actualité mais lorsqu'elle s'immisce en nous au long cours elle peut nous freiner dans nos actions ou même nous faire commettre des actes terriblement destructeurs. Les personnes dont l'émotion principale est la colère sont souvent en conflit dans leurs relations, en révolte aussi, ce qui génère souvent beaucoup d'agressivité. Les soulager de cette colère les aide à parler plus paisiblement à leur entourage. Pour celles qui sont plutôt dans la tristesse, on repère un isolement et un repli sur soi. Quand cette tristesse est sous-jacente à une profonde blessure d'amour, ces personnes peuvent exprimer des idées noires, voire des idées suicidaires. Le travail pour les auto-guérir de cette blessure est nécessaire, leur apprendre à s'aimer indispensable pour les aider à se relever. Différentes émotions peuvent co-exister en même temps chez un même patient, les lever les unes après les autres au fil des séances sera proposé dans une association cohérente aux problématiques repérées.

Pour en finir avec la partie entretien clinique, faisons un aparté sur la recherche des traumatismes transgénérationnels.

Bien sûr, au préalable, tous les traumatismes de vie seront à répertorier. Tout ce que le patient a vécu de son vivant du moment où il était dans le ventre de sa mère jusqu'à aujourd'hui. On fera un inventaire de tous les grands moments de la vie tels la conception, la gestation, la naissance. On notera tous les grands drames vécus du vivant (morts, maladies, accidents, spoliation, violences subies, déménagement, migration…). On pourra ainsi les traiter et traiter avec les symptômes associés.

Le moment venu on pourra aussi proposer au patient de travailler sur son arbre généalogique. Mais cela doit se faire dans le respect de la temporalité du patient. Il est important de sentir ce moment, ce qui n'est pas toujours évident d'ailleurs. Parfois quand on va trop vite alors que le patient n'est pas prêt, cela peut mettre un terme.

Tous les repères que je donne ici doivent bien entendu être traités au fil des séances, toujours en fonction de ce que le patient vient nous raconter. Il est important de sentir les portes qui s'ouvrent au fil du temps, ne pas forcer celles pour lesquelles le patient n'a pas encore la clé...

Quand on en vient à traiter le patient à partir de son arbre généalogique, on lui propose tout d'abord de le préparer tranquillement chez lui. Puis en séance on analyse chaque branche. On explore d'abord ce que le patient sait de la vie de ses propres parents et grands-parents. L'analyse en soi est un travail important car se resituer dans une histoire permet, à mon avis, de mieux comprendre son actualité. Cela permet aussi un ancrage symbolique : j'ai des racines qui nourrissent la branche que je fais moi-même bourgeonner. Prendre conscience des traumatismes et blessures de vie de nos ancêtres nous permet de prendre aussi conscience de leur propre souffrance. On sait combien les secrets de famille sont toxiques pour tout un chacun et lever le voile est donc essentiel pour se sentir apaisé, et même si on ne découvre pas de grand secret, simplement prendre le temps de reconnaître et accepter notre histoire telle qu'elle s'est écrite est bénéfique. L'histoire passée ne peut être transformée mais la manière dont je me situe dans cette histoire peut fondamentalement changer celui que je suis en train de devenir.

Je propose en parallèle au patient de trouver les grands traumatismes et blessures de ses ancêtres qui peuvent faire écho à ses propres blocages émotionnels. La thérapie LIBRE permet ainsi de valider leur toxicité puis de les traiter comme vous allez le découvrir ci-après.

Ce que j'expérimente cliniquement grâce à cette thérapie, ce sont les liens entre l'actualité du patient et son histoire. La mise en lumière des répétitions et des blocages familiaux est juste fascinante. Leur repérage va donner lieu à des libérations sans précédent. Je suis régulièrement troublée par le maillage qui s'opère entre nos symptômes actuels et leur fondement dans notre histoire familiale. C'est aussi le but de cette thérapie que de faire travailler le patient en ce sens. Il n'y a pas de plus belle guérison que lorsqu'on peut couper le mal à la racine. Je dirige systématiquement mon écoute dans le sens de relier les symptômes et blocages de mes patients à leur problématique familiale et quand le temps vient de la mise en lumière de ce processus c'est toujours une belle et grande surprise et un grand tournant dans le travail thérapeutique.

Chaque séance va donc consister à déterminer la problématique à traiter en fonction de ce que dit le patient. On aura souvent un blocage et/ou un traumatisme et les émotions associées qui nous sabotent dans nos choix et nos actions. En règle générale on scanne trois profils de soin qui résument l'ensemble du problème à traiter. Je propose de terminer les soins par l'émotion pour que la réhabilitation cérébrale à l'aide de l'état modifié de conscience s'effectue sur cette émotion. On peut parfois terminer plutôt sur une scène traumatique à réhabiliter ou une parole néfaste (par exemple : « tu es né sous une mauvaise étoile »), tout évènement qui a pu littéralement bloquer le patient dans sa vie et qu'il faudrait effacer grâce aux soins puis reprogrammer au niveau cérébral.

Le processus commun à tout cela c'est que la pensée est créative et que toutes nos pensées toxiques peuvent et doivent être transformées à l'aide des soins pour intégrer in fine une pensée bienfaitrice.

Les neurones miroirs identifiés dans les années 90 par Giacomo Rizzolatti sont la preuve aussi que nous apprenons par mimétisme. Cela a pour conséquences que beaucoup d'informations que nous traitons dans notre environnement proche impactent notre manière d'agir. En conséquence, si on grandit face à des personnes stressées, angoissées, malheureuses, violentes… On aura le risque que toutes ces perceptions aient un impact sur notre rapport au monde. Traiter aussi les peurs et pensées négatives que nous captons chez l'autre peut être proposé.

Voici quelques exemples de formulations que nous pouvons proposer à l'issue de l'entretien clinique en vue de pratiquer le soin énergétique qui lui succède:

- mon impossibilité d'être heureuse dans la vie,
- la mort de mon père,
- ma tristesse,
- mon impossibilité à m'aimer,
- ma colère,
- le jour où j'ai été abandonné,
- mon sentiment d'injustice,
- les paroles blessantes de ma mère et/ou les peurs de ma mère que je capte et qui ne m'appartiennent pas,
- ma peur d'échouer.

Exemple d'une problématique trangénérationnelle :

- mon impossibilité d'avoir confiance en la vie,
- l'immigration de mon grand-père paternel,
- toutes mes peurs.

En tout cas, quelques soient nos formulations il faut être le plus près possible de ce que dit le patient. Il m'est arrivé de traiter une dame de « mon impossibilité à être heureuse dans la vie » qui m'a dit au moment du test « mon impossibilité d'exister dans la vie » ! On traite bien sûr ce que dit le patient. C'est ce qui est valide pour son cerveau à ce moment-là. Un lapsus qui vient rétablir la vérité du patient : il lui fallait déjà se sentir exister pour penser ensuite à pouvoir être heureuse.

Même si l'on fait 5 ou 6 tests pendant la séance qui sont tous positifs à la toxicité, on peut choisir trois soins qui sont comme la clé de voûte de la problématique pour que l'ensemble des symptômes soit traité quand même. Ce que valideront les contre tests à la fin de la séance.

Ce que j'ai personnellement remarqué c'est qu'au fil des séances et des soins, des peurs qui n'ont pas forcément été traitées par un soin spécifique disparaissent quand même, car la libération émotionnelle se fait dans la globalité.

Les soins énergétiques

• • •

Passons maintenant à la deuxième étape de la séance, la partie soins énergétiques.

Cette partie se fait en deux temps : d'abord on teste les problématiques à traiter grâce à un test neuro-musculaire issue de la kinésiologie. Ce test n'est pas thérapeutique. Il sert simplement à valider les toxicités en présence. Sont toxiques toutes les mémoires émotionnelles négatives qui se sont enregistrées en nous au fil du temps à cause de nos blessures et traumatismes. Elles peuvent être également issues de notre carte génétique comme nous l'avons vu.

Ensuite nous pouvons proposer deux types de soins issus de la méthode NAET :
- le soin dit « vessie » qui se pratique tout le long de la colonne vertébrale,
- le soin dit « cellulaire » qui se fait sur le crâne. Il vient en complément du soin vessie dans les cas où les mémoires sont ancrées dans nos cellules.

Pour valider nos problématiques, on utilise donc un test de résistance musculaire : notre corps a une mémoire et par un dialogue avec lui nous détectons son stress. Pour ce faire nous demandons au patient de tendre un bras à l'horizontale, il formule la problématique à tester et nous appliquons alors une pression sur le bras. Si le bras est verrouillé cela veut dire que la situation est normale. Si le bras tombe (non verrouillé), cela veut dire que le système musculaire nous renseigne sur un stress, à traiter du coup. En formulant la problématique on crée un influx nerveux qui est décodé par le corps au travers d'une boucle énergétique.

La thérapie LIBRE propose également d'affiner le test en ciblant les mémoires concernées par le stress. Pour ce faire on utilise des mudrâ, boucles énergétiques que l'on fait avec les doigts en connectant le pouce à chacun des autres doigts. En même temps que le patient tend un bras à l'horizontale, on lui demande avec les doigts de la main du bras opposé de faire ces connections.

- Connecter le pouce et l'index nous renseignera sur les mémoires physiques en lien direct avec ce qui est extérieur à l'organisme (la peau avec le toucher, les poumons avec l'air).
- Connecter le pouce avec le majeur nous renseignera sur les mémoires physiologiques (plus profondes, dans les viscères : le nœud à l'estomac, la boule dans la gorge...).
- Connecter le pouce avec l'annulaire nous renseignera sur les mémoires

limbiques (ce qui est enregistré dans le cerveau limbique).
- Connecter le pouce avec l'auriculaire nous renseignera sur les mémoires subtiles : j'ai coutume de dire à mes patients que nous sommes à l'image du réseau internet, tous reliés. Des informations circulent dans le champ subtil que nous traitons de manière inconsciente. C'est le champ de l'intuition. De notre cœur partent des neurones qui traitent ces informations subtiles. On dit que c'est le premier cerveau émotionnel pour cela. Mais cette information n'est pas conscientisée, c'est pour cette raison que lorsque l'information est relayée au néocortex on perd parfois l'authenticité de l'information. C'est par exemple une mauvaise impression quand on rentre dans un lieu ou une bonne impression lors du tout premier contact que l'on établit avec une personne jusqu'alors inconnue... Mais relayé au néocortex on se dit qu'on se fait peut être des idées... On perd l'information intuitive. En tout cas, au plus on se libère de nos sabotages, au plus on pourra se relier à notre intuition et prendre ainsi des

décisions en accord avec nos désirs et ce qui est bon pour nous.

Quand l'ensemble des tests a été exécuté, on obtient la liste des souffrances à traiter. On ne retient pas plus de trois soins car l'énergétique est éprouvant et il n'est pas utile de faire des soins pour chaque symptôme pour que la libération soit optimisée.

Un contre test à la fin de la séance selon la même procédure viendra valider que le soin énergétique a été libérateur. On attend alors que le bras qui tombait avant les soins soit maintenant verrouillé.

On procède ensuite aux soins proprement dits.

Le soin vessie est celui que l'on fait le plus souvent et de manière systématique.

Le soin cellulaire vient en complément si nécessaire, plutôt en fin de séance. On appréhendera durant la séance sa nécessité. Intuitivement on choisira de le faire, ou alors durant l'état modifié de conscience on aura l'indice de sa nécessité dans les cas où la réhabilitation serait difficile. Chez des patients en état d'épuisement moral et/ou physique on peut aussi décider de faire uniquement ce soin pendant la séance.

Les soins NAET ou Nambudripad's Allergy Elimination Techniques, ont été inventés par un médecin indien Devi Nambudripad. Devi étant sujette à de nombreuses allergies et formée à des médecines alternatives, elle a cherché avec acharnement un soin énergétique pour se soigner d'abord. En 1983, après avoir testé de multiples combinaisons, elle constate les nombreux bienfaits de ce profil de soin. Il a fait largement ses preuves depuis pour traiter des troubles de santé chroniques ou fonctionnels, des plus bénins aux plus invalidants, troubles cutanés, maux de tête, problèmes cardio-vasculaires, articulaires, dérèglements hormonaux, problèmes digestifs, problèmes respiratoires allergiques saisonniers ou non, fragilité respiratoire, dépendances, troubles de l'humeur, troubles du comportement et de l'attention, désordres immunitaires, douleurs, fatigue chronique, troubles du sommeil.

Et aujourd'hui je propose donc de l'intégrer dans un cadre psychothérapeutique traditionnel car j'ai constaté que son action au sein du travail thérapeutique est sans égal à l'heure actuelle. Au-delà de la bienfaisance du soin en lui-même, les patients peuvent faire des bonds de géant dans leur vie. Leur état émotionnel se transforme, ce qui leur permet d'avancer différemment, de trouver des solutions à leurs problèmes et de prendre de nouvelles directions.

La procédure du soin « vessie » est la suivante : le patient s'assoit en travers d'une chaise. Avec les doigts d'une main il fait une boucle énergétique qui correspond à la mémoire trouvée au test (on connecte le pouce avec un, deux, trois, ou quatre des autres doigts selon les mémoires concernées par la toxicité). On met l'autre main sur le front pour envelopper le cortex. Le patient doit penser à la formulation proposée par le thérapeute sans s'attacher à cette pensée pendant le soin. C'est une information envoyée au cerveau qui va être retraitée à la manière d'un reset informatique via la stimulation du méridien vessie (tout le long de la colonne vertébrale). Le thérapeute stimule la colonne de haut en bas en plusieurs passages : doigts serrés puis doigts écartés (trois fois), puis les doigts serrés on stimule en demandant au patient de bloquer sa respiration, puis doigts écartés de souffler, enfin doigts serrés on demande au patient de respirer rapidement puis doigts écartés on termine par une respiration calme. Le patient doit alors enlever la main de son front et ouvrir ses doigts. Le thérapeute termine le soin en mettant sa propre main sur le front du patient et avec l'autre main il stimule l'occiput avec son pouce.

Pour le soin « cellulaire », la stimulation se fait sur les racines du système nerveux sympathique (sur le crâne). On stimule avec deux doigts le crâne : on part du sommet de l'arête du nez jusqu'au sommet du crâne (trois fois), puis on part des maxillaires sur le visage jusqu'au sommet du crâne via les tempes (trois fois d'un côté, trois fois de l'autre). On pose délicatement nos deux mains sous le crâne au niveau de l'occiput pour un étirement en douceur. Puis on revient délicatement poser les pouces au niveau du front en suivant la frontière racines des cheveux et front. On termine par de légers mouvements dans le cuir chevelu.

Je dirai que l'efficacité de ces soins réside dans la réaction métabolique qu'il provoque du fait de susciter de l'influx nerveux à plusieurs niveaux et simultanément :

d'abord, par la pensée de la problématique puis par la stimulation du méridien par accu-pression sur la colonne vertébrale ou le crâne et enfin par les respirations que nous guidons pendant le soin.

Toucher le corps du patient est une nouveauté dans le travail psychothérapeutique qui risque de faire grincer les dents d'un certain nombre de mes collègues.

D'une part, mon expérience me prouve chaque jour que les patients accueillent plutôt bien cela et même ceux qui ne s'y attendent pas, comme tous les patients que je reçois au sein de la clinique où je travaille. Je pense qu'ils sont même agréablement surpris de ce petit temps qui leur donne un apaisement spontané.

Il est beaucoup plus rare de tomber sur des personnes sceptiques et réticentes.

Je dirai même que cette technique s'adapte à un panel bien plus large de patients. Personnes âgées et enfants sont d'ailleurs très enthousiastes face aux bienfaits qu'ils en retirent. Et pour tout un chacun, nul besoin de ruminer ses tracasseries des heures sur un divan, la problématique posée, on a enfin le moyen d'agir dessus...

Le seul bémol quand on commence à parler d'énergétique c'est qu'il n'y a pas encore de validation scientifique. Sa validité est justifiée malgré tout par le fait que la médecine chinoise utilise les voies énergétiques depuis 2500 ans quand même ! En occident, on est encore réfractaire à cela, bien que des techniques liées à cette médecine soient entrées dans nos hôpitaux depuis plusieurs années maintenant (acupuncture...). Il y a même une école de médecine chinoise à Nantes depuis peu et un centre de médecine chinoise intégrée à la Pitié-Salpêtrière (APHP) qui développe la recherche clinique de cette médecine encore non conventionnelle.

La mouvance actuelle nous laisse donc espérer que nous aurons bientôt des réponses à nos questions. Et cela pourrait nous ouvrir à une médecine intégrative qui nous permettra de soigner nos patients différemment. Pour ma part, l'exploration de la voie énergétique me semble très pertinente. L'action des soins que je propose se fait à plusieurs niveaux. D'une part, en interne, on crée un influx nerveux quand on demande au patient de penser à une problématique, influx qui se connecte à l'ensemble de la mémoire concernée par ce traumatisme. En parallèle on agit sur le corps par une stimulation physique qui crée aussi des influx nerveux traités par le cerveau. Et en parallèle encore on demande au patient des respirations spécifiques qui agissent aussi sur le métabolisme. Tout ceci combiné semble avoir une action bien réelle au vu des résultats que j'observe dans ma pratique clinique. Je constate même que ces soins sont la pierre de lance de la thérapie LIBRE car ce sont eux, à mon avis, qui permettent la libération des émotions en souffrance. Même si j'insiste sur le fait que l'entretien clinique est nécessaire aussi pour reconnaître les émotions en souffrance ; et l'état modifié de conscience, un outil supplémentaire pour éduquer le cerveau par l'intégration de pensées positives indispensables à une harmonisation de son état d'être comme je vais vous le présenter maintenant.

L'état modifié de conscience
ou rêve éveillé simplifié

• • •

Dès que l'ensemble des soins est exécuté, on enchaîne spontanément avec un état modifié de conscience. Cet outil est fait pour sentir nos ressources et nous auto guérir. On a le pouvoir de tout transformer nous-même et le thérapeute est juste le guide pour que le patient trouve son chemin de réhabilitation.

Si l'on traite une émotion ou une blessure on demande au patient dans quel endroit de son corps il porte cette émotion ou blessure. Puis on lui propose d'imaginer qu'il la sorte de son corps et imaginer que cette émotion ou blessure est un paysage. On l'aide par différents outils à transformer ce paysage pour le réhabiliter, en vue d'intégrer les énergies positives du paysage réhabilité.

D'abord on lui demande de quoi a besoin son paysage et qu'est ce qu'il peut faire pour le transformer. On peut lui proposer de faire appel à une énergie d'aide, de s'élever dans les airs pour observer ce paysage sous un autre angle, d'imaginer se dédoubler pour laisser la part de lui qui peut exécuter cette transformation le faire s'il est bloqué.

On peut aussi lui proposer de fusionner avec un élément, comme s'il était un sucre il peut imaginer fondre dans l'élément pour devenir cet élément et en sentir les qualités.

Si on lui propose de fusionner avec un arbre, on lui permettra de sentir ses propres ressources car la symbolique de l'arbre nous représente. C'est souvent la force qui est attendue dans cette expérimentation. L'arbre avec ses racines, sa sève qui circule, l'écorce qui le protège et ses branches qui bourgeonnent est une belle analogie à notre condition humaine.

Si on lui propose de fusionner avec de l'eau, cela va lui permettre de sentir l'énergie de vie qui circule en lui. Cette fusion est intéressante à proposer pour des patients qui n'ont plus d'énergie et d'envie. Cela leur permettra de faire circuler un nouvel élan en eux.

Si on lui propose de fusionner avec du feu, il va se connecter à sa part créative. Cette fusion est intéressante à pratiquer lorsque le patient à de la difficulté à poser des actes.

Si on lui propose de fusionner avec l'air il fera l'expérience de l'énergie de vie qui communique. Cette fusion est intéressante dans le cas où la personne est en difficulté dans ses relations aux autres.

Enfin, si on lui propose de fusionner avec la terre il fera l'expérience de l'énergie de fécondité, la terre nourricière. Ce voyage peut justement s'appliquer pour des problématiques liées à la fécondité, quand une femme n'arrive pas à mettre en route une grossesse. C'est aussi notre capacité à impulser de la vie autour de nous.

Si on traite une scène de vie, on proposera au patient de se regarder dans cette scène.

Il pourra se demander de quoi il a besoin et qu'est-ce qu'il peut faire pour celui qu'il était au moment de cette scène. La plus belle énergie étant celle de l'amour, s'il est bloqué on peut lui proposer d'imaginer qu'il fasse un acte d'amour pour lui, qu'il imagine se prendre lui-même dans les bras ou juste se prendre par la main, ou encore se rassurer par des paroles bienveillantes.

Si on traite une douleur corporelle ou une maladie, on propose au patient de sortir cette douleur ou maladie de son corps et de voir sous quelle forme elle lui apparait. Et toujours de la même manière on lui propose de trouver le moyen de transformer cette image. Le but étant toujours d'obtenir une image réhabilitée.

Les qualités de l'image réhabilitée, et éventuellement un message, pourront être intégrés dans un endroit du corps du patient où il en aurait besoin. À l'inspire on propose au patient d'intégrer l'image et ses qualités dans la partie du corps choisie et à l'expire de diffuser cette image dans tout le reste du corps, jusque dans la moindre des cellules. Le but est que ce message s'imprime dans toutes les mémoires du corps.

Ce temps de la séance est important à plus d'un titre.

Tout d'abord il fait travailler la créativité des patients qui me semble essentielle à une évolution personnelle dynamique et constructive.

Ensuite, ce temps permet de stimuler le cerveau, lui apporter une information positive et apaisante. Et l'on a vu combien notre cerveau a besoin de se nourrir de belles choses. Cela va lui permettre d'activer justement des circuits neuronaux liés au bonheur.

Enfin, c'est un outil que l'on peut proposer au patient comme un exercice quotidien pour lutter contre le stress. Généralement je leur donne quelques conseils faciles pour le réutiliser. D'une part je leur propose lors d'un temps calme de prendre trois inspirations profondes abdominales qui vont favoriser la détente, puis se concentrer sur le rythme de la respiration, le métronome de notre corps qui ne s'arrête jamais même quand le reste du corps est au repos. Et enfin récupérer l'image réhabilitée qu'ils ont intégrée en séance.

À l'instar de la méditation, ce petit exercice doit se faire quotidiennement si l'on veut éprouver ses effets. Deux ou trois minutes suffisent. Et je le trouve justement intéressant car il donne un support qui permet de contenir la pensée dans un champ particulier. Le but étant que le paysage soit évocateur de pensées qui apaisent et détendent. Pour des non initiés il est facile à exécuter.

Il arrive pour de rares patients que ce temps de la séance soit difficile. Ils ne voient rien. On peut leur proposer alors de faire monter l'image d'un lieu de ressourcement, un lieu face auquel ils se sentiraient bien. Si même un lieu de ressourcement n'est pas disponible, on ne force pas, on verra à l'entretien suivant. Parfois il faut quelques séances pour que ce travail soit possible.

Chez d'autres patients il est impossible de voir une image d'eux-mêmes. Cela est fréquent chez des personnes qui ont une grande blessure narcissique ou un manque d'estime de soi. Là encore il faudra laisser le temps au temps, restaurer leur part d'eux qui peut se regarder en face, leur apprendre à s'aimer.

En tout cas leur capacité de voyager nous permet aussi de repérer leurs blocages. Dans la mesure du possible je les incite à développer cette partie imaginative. C'est une voie thérapeutique fondamentale à mon sens pour devenir acteur de sa vie, réhabiliter notre moi profond en pouvant se connecter à nos ressources.

L'effet surprenant de ce temps c'est aussi de stimuler notre part subconsciente à tel point que certaines images qui surgissent nous surprennent et viennent nous parler d'une part de nous-même à laquelle nous n'avons pas accès consciemment. C'est le cas par exemple de mémoires transgénérationelles que nous portons et auxquelles on accède alors dans ce temps de la séance. Il est important de les accueillir comme une pensée à transformer, une énergie présente alors pour être libérée et réhabiliter. Le thérapeute doit, pour ce faire, guider le patient avec calme et bienveillance car cela peut être des moments extrêmement éprouvants pour le patient qui se trouve parfois en lien à des images terriblement douloureuses. Tout doit être mis en œuvre pour trouver les moyens de la réhabilitation, même des soins énergétiques peuvent être nécessaire durant le rêve pour apaiser l'émotion coûte que coûte...

J'aime ce temps de la séance car il est souvent plein d'émotion et de magie. La transformation s'opère sous nos yeux et le bien être ressenti par le patient est communicatif.

Pour finir, il va sans dire que l'utilisation de cet outil demande un savoir-faire et un savoir-être qui exige de chacun un engagement dans un enseignement soutenu.

CHAPITRE 4

Cas cliniques

« Le chemin de la vie c'est de passer de l'ignorance à la connaissance, de l'obscurité à la lumière, de l'inaccompli à l'accompli, de l'inconscience à la conscience, de la peur à l'amour ». (Frédéric Lenoir)

Pour illustrer cette méthode, je prendrais deux exemples.

Tout d'abord le cas de Madame C. qui vient me consulter dans un contexte de grande souffrance morale due aux décès de ses deux parents dont elle était particulièrement proche, d'autant plus qu'ils ont été très présents pour elle lorsqu'elle était petite et qu'elle a dû subir des soins médicaux conséquents pour une malformation de naissance.

Elle se sent non seulement comme une orpheline depuis leur disparition et ne voit plus d'avenir malgré un mari et deux enfants très proches d'elle. Elle ressent une profonde tristesse, d'autant plus grande qu'elle est actuellement en conflit avec sa sœur. Je travaille donc avec elle sur sa blessure d'abandon et la libère de sa tristesse dans un premier temps. Puis je travaille par la suite à ce qu'elle lâche prise sur le conflit avec sa sœur, laquelle est aussi en grande souffrance morale. Sa capacité de résilience lui permet même de reconnaître les propres souffrances de sa sœur et lui pardonner certains comportements blessants envers elle. Je travaille également avec elle ses problématiques transgénérationnelles, d'autant plus qu'elle a le sentiment de ne pas avoir d'histoire. Au fil des séances elle se rend finalement compte qu'elle a bel et bien une histoire à raconter et met en lumière un certain nombre d'évènements vécus par ses ancêtres qui éclairent sa propre existence. Elle porte d'ailleurs en elle la blessure d'abandon de son grand-père maternel abandonné lui-même au bord de la route par son propre père dans sa tendre enfance. Cette blessure est confirmée par le test de kynésiologie que je pratique avant le soin énergétique. Ceci explique que Madame C. se sent comme orpheline et éprouve un sentiment d'abandon et une profonde tristesse, même si la mort de ses parents survient alors qu'elle est adulte.

L'aspect significatif de ce travail se trouve dans ses voyages imaginaires et notamment la réhabilitation de son arbre au fil des séances. En effet, l'arbre qui est symboliquement l'image de soi n'était que souche au départ de son travail. Puis au fil des séances la réhabilitation s'est opérée pour obtenir in fine un magnifique bouleau, dont la signification renvoie au fait qu'il ne sert à rien de pleurer sur le passé mais il vaut mieux construire l'avenir. Il est également symbole de calme et sérénité. La pauvreté de son arbre de départ, et même sa quasi inexistence (une souche), montre clairement la fragilité identitaire de Madame C. C'est comme si elle n'était plus rien depuis la disparition de ses parents. Elle n'avait plus aucune ressource pour avancer, d'où sa grande lassitude et un grand vide intérieur malgré la bienveillance de ses enfants et son mari. La reconstitution de son arbre lui aura permis de retrouver de la force et la possibilité de se projeter à nouveau dans l'avenir. Vous voyez là combien cette partie est importante car elle vient valider du chemin parcouru. Il a d'ailleurs fallu plusieurs voyages à la rencontre de son arbre pour obtenir une réhabilitation complète de celui-ci tellement sa souffrance identitaire était grande depuis le décès de ses parents. Au-delà de l'image de son arbre c'est aussi l'image d'elle-même qu'elle a pu réhabiliter dans la foulée, car durant de nombreuses séances elle n'était même pas en capacité de visualiser sa propre image.

Un autre temps fort de son travail fut le moment où elle se trouva confrontée au vol des bijoux de sa mère dont la suspicion portait sur un membre de sa famille, lequel membre était déjà coutumier du fait. Une sorte de cleptomanie que nous avons reliée à une répétition transgénérationnelle. La reconnaissance de cette répétition fût un moment très émouvant et la levée de la problématique par un soin allait permettre à Madame C. de poser les actes nécessaires à la résolution du conflit, actes qui étaient jusque-là impossibles à réaliser pour elle. En effet, l'objet de la séance était autour de la suspicion et de son incapacité à aller discuter des faits avec le suspect, ne pas faire de vague, laisser couler, comme son propre père l'avait fait auparavant dans une situation similaire. Il est intéressant de remarquer que l'absence de réaction à un évènement, comme l'a fait le père de ma patiente le jour où son propre frère a volé la maison parentale, peut avoir des conséquences non négligeables pour les descendants. C'est pourquoi une thérapie doit nous aider à poser des actes autant que faire se peut, ce qui doit permettre, j'en émets l'hypothèse, de résoudre les problématiques et éviter en partie la répétition.

L'effet de la thérapie sur Madame C. fût multiple. D'une part, elle s'est rapidement sentie moins triste. D'autre part, elle a pu s'impliquer différemment dans les différents conflits familiaux et renoncer à la famille idéale qu'elle avait espérée. Elle a pu également trouver la posture la plus juste pour elle au fil des évènements qui se déroulaient dans sa vie. Sans compter au final que le conflit avec sa sœur semble également être une répétition de schémas familiaux non résolus, du fait de conflits de fratrie pré-existants, notamment entre son père et son oncle.

Je le répète, la libération des blessures et des émotions n'empêche pas les épreuves mais elle permet de les vivre différemment. Sans le conseiller bien sûr, notre travail doit être de guider le patient à poser les actes nécessaires au fil du temps et des circonstances de sa vie. Et lorsque les blocages sont levés, on ne reste pas sur le bord du chemin à ruminer mais on peut avancer coûte que coûte contre vents et marées. Et même si on ne change pas les autres, on peut se changer soi même pour s'impliquer d'une autre façon dans nos relations aux autres, ce qui nous permet d'avancer différemment, faire en sorte que ce soit le plus juste pour nous.

Par ailleurs, les effets les plus efficaces dans les suivis se manifestent notamment quand on lève les souffrances des grands-parents. Et c'est justement le cas de Madame C. comme je viens de le décrire ci-dessus. Et une séance particulièrement émouvante chez cette patiente fût le jour où on a pointé du doigt que son grand-père maternel avait subi une situation terriblement paradoxale durant la seconde guerre mondiale. C'est le même pour lequel nous avions déjà traité l'abandon dans son enfance. Pendant la guerre celui-ci fût résistant et fût arrêté et utilisé par les allemands pour rechercher des méthodes d'exterminations chimiques. Cette problématique fût amenée par la patiente face à son rejet phobique de l'idée de mort. Interroger cette phobie nous a conduit à parler de ce grand père et de ce douloureux épisode de sa vie dont il avait d'ailleurs gardé de nombreuses séquelles. Le plus spectaculaire fût durant le rêve éveillé de Madame C. car elle fût alors confrontée à de terribles images de déportations et de cadavres. La puissance du subconscient sollicité dans ces voyages imaginaires permet de laisser monter des images qui ne sont pas liées directement à notre histoire mais que nous portons vraisemblablement. Ces voyages aux portes du transgénérationnels sont fascinants. Il semblerait qu'ils nous permettent d'accéder à des souffrances que l'on porte mais que nous n'avons jamais vécu personnellement. Ces souffrances sont apaisées en amont par le soin énergétique puis réhabilitées lors du rêve éveillé. Ainsi Madame C., à l'issue de cet émouvant voyage a pu transformer ces images de terreurs, les remplacer au fil du soin par les images de ces deux grands-pères unis dans la prière, prière salvatrice pour cette patiente dont la religion tient une place importante dans sa vie.

J'insiste aussi sur le fait que cette personne est engagée dans le processus thérapeutique et c'est ainsi qu'on a pu aller aussi loin dans la résolution de ses problématiques. Ce suivi nous a permis d'intervenir à plusieurs niveaux. Tout d'abord, elle a pu s'apaiser dans un premier temps de sa tristesse, du deuil douloureux de ses parents et des difficultés relationnelles avec sa sœur dans ce contexte d'héritage. Et grâce à la poursuite du travail, on a pu éclairer les relations fusionnelles qu'elle avait avec ses parents. Je dirai que sa malformation de naissance est à la fois signe de ce qu'elle portait de douloureux de son histoire familiale et conséquence de la relation fusionnelle avec ses parents, relation contra-phobique à sa peur de l'idée de mort. Leur disparition la met alors dans un désarroi tel qu'une psychothérapie est nécessaire. Chaque étape du travail est indispensable et lorsqu'on en arrive aux problématiques des grands parents j'ai toujours le sentiment de moment de grâce comme si nous atteignons la racine du mal...

C'est pourquoi je vous propose maintenant une deuxième situation clinique qui concerne une jeune adolescente de 14 ans. Nous allons à nouveau voir combien le transgénéationnel est impliqué dans notre histoire et nous sabote tant que l'on ne lève pas ces blessures. Avec Madame

C. vous avez pu observer que le travail sur les souffrances transgénérationnelles a pu se faire au fil du temps lorsque les difficultés de son actualité furent suffisamment apaisées. Avec notre jeune adolescente que je nommerai Fanny, nous sommes allés traiter les problématiques des grands parents beaucoup plus vite, ce qui a eu des effets considérables dans sa vie. Ce n'est pas forcément une question d'âge mais c'est plutôt fonction de chacun selon son parcours de vie et sa disponibilité psychique à faire face à des souffrances très profondes.

C'est la mère de Fanny qui sollicite d'abord mon aide car elle est très en difficulté avec sa fille et cela depuis sa naissance. J'accueille une mère très démunie et impuissante face aux difficultés de sa fille qu'aucun thérapeute n'a vraiment soulagé auparavant malgré ses multiples appels à l'aide. La mère de Fanny me dresse le tableau : depuis la naissance Fanny est très difficile. Bébé elle pleurait beaucoup, puis il était très compliqué de lui donner à manger. Aujourd'hui elle a changé plusieurs fois d'établissement scolaire car elle est rejetée régulièrement par ses camarades de classe. En bref, elle est différente me dit sa mère, avec un profil

TDHA (trouble du déficit de l'attention avec hyperactivité) diagnostiqué. Comme mon expérience professionnelle me pousse de plus en plus dans cette voie, j'explore alors les problématiques familiales et je trouve effectivement une terrible histoire vécue par la grand-mère paternelle de Fanny. En résumé, l'arrière grand-mère de fanny a eu une aventure avec un allemand durant la deuxième guerre mondiale dont la grand-mère de Fanny en est le fruit. Alors que ce bébé est dans son ventre, cette arrière grand-mère est punie pour avoir eu cette liaison, tondue comme l'ont été de nombreuses femmes à cette période là pour les mêmes raisons. La maltraitance est telle qu'à la naissance de l'enfant, cette femme n'y survivra pas et décide de mettre fin à ses jours. Quelle immense blessure de rejet que porte cette grand-mère... Rejet par le biais de sa propre mère qui fût humiliée et maltraitée pour une histoire sentimentale... Et rejet par l'abandon de sa mère qui met fin à ses jours, dans l'impossibilité d'investir ce bébé qui vient juste de naître. Comble de tout, c'est durant la grossesse de Fanny que sa mère apprend cette terrible histoire de la bouche du père de Fanny. Dans la salle d'attente pour l'échographie du troisième mois de grossesse elle interroge alors son mari. Le père de Fanny révèle alors cette douloureuse histoire à sa compagne. Étrange coïncidence qui me laisse à penser que ce n'est pas tout à fait le hasard mais serait-ce la blessure de cet enfant en gestation qui se manifeste alors ?

Je reçois Fanny dès la séance suivante et je suis stupéfaite de me retrouver devant une adolescente à l'esprit si vif. J'engage donc un long travail avec elle et je lui soumets l'hypothèse de son héritage familial que je lui propose de traiter par les soins de thérapie LIBRE. Je reçois également son père pour l'impliquer dans ce travail qui concerne en grande partie son héritage familial. Fanny coopère et s'implique dans ce suivi d'emblée. Nos échanges sont riches. C'est une jeune fille qui parle spontanément de ses difficultés. Quand je la reçois elle est en internat et a souvent des maux de ventres. Elle me parle aussi de ses difficultés relationnelles avec ses camarades. Au fil des séances et des libérations émotionnelles, il s'avère que ses capacités d'adaptations avec les autres évoluent très positivement. Et même si elle vit une nouvelle rupture amicale durant cette année scolaire, elle y fait face et trouve des camarades ressources qui lui permettent de ne plus se sentir rejetée. Fanny n'a plus mal au ventre, elle a repris confiance en les autres et a appris à trouver sa place sans être envahissante au risque d'être rejetée. Ses difficultés attentionnelles se sont également considérablement améliorées au dire de ses parents. La réhabilitation de sa confiance en elle lui permet de vivre des évènements positifs qui lui font prendre conscience de ses ressources et de sa valeur.

Ce que l'on peut mettre en avant à propos de ces deux situations c'est que ces deux personnes portent en elles un poids transgénérationnel dès la naissance, Madame C. par sa malformation physique et Fanny par ses pleurs incessants qui peuvent être aujourd'hui expliqué par la mise en lumière des problématiques familiales.

Ayant été moi-même confronté à la maladie d'un de mes enfants, cela m'a beaucoup servi pour forger mes hypothèses de travail et mettre en avant l'importance du poids familial dans l'apparition de nos symptômes. Au fil du temps et des soins que je prodigue il est évident pour moi que les souffrances de nos grands parents peuvent être la cause de notre mal-être, comme ils peuvent également être notre force dans les aspects positifs de ce qu'ils nous transmettent... Et je me demande du coup dans quelle mesure tous les symptômes modernes que nous détectons chez de nombreux enfants comme les dysphasies, dyslexies, autiste... qui sont autant de troubles de l'attention, ne sont pas la conséquence d'un système limbique saturée précocement d'un flot émotionnel en partie concernée par ces mémoires de famille. En complément des outils techniques et médicaux pour faire face aux symptômes de ces enfants, le soin psychique par l'énergie des souffrances transgénérationnelles me semble donc un allié particulièrement efficace et pertinent.

CHAPITRE 5

La résonance familiale

« Une personne c'est comme un iceberg. On ne voit que la pointe qui dépasse. Pour vraiment connaître quelqu'un, il faut prendre le temps de regarder sous l'eau, sous sa couche de protection. Derrière le paraître se cache l'être ». (Anonyme)

Dans la continuité de la thérapie libre et de l'outil technique que je vous ai présenté précédemment le moment est venu de partager avec vous mes hypothèses de travail et la lecture que je propose des histoires familiales. Cette lecture est venue au fil du temps et de l'utilisation de la thérapie libre mais aussi des épreuves qui ont jalonné ma vie.

La résonance familiale est l'hypothèse selon laquelle nos blocages émotionnels et répétitions traumatiques sont les fruits de souffrances que nous portons de notre histoire familiale.

J'avais au préalable repéré cela au regard de mes traumatismes et épreuves de vie. L'expérience de Giacobino Ariane selon laquelle nous retrouvons une blessure dans nos cellules liée à un choc émotionnel sur plusieurs générations m'a conforté dans ce sens et m'a poussé à écouter mes patients au travers de cette résonance.

Concrètement nous sommes tous le fruit de deux histoires familiales qui nous animent par leur force et leur faiblesse et qui nous impactent à mon avis, bien plus que ce que nous croyons. Ma première hypothèse est que ce bagage avec lequel nous naissons, bagage émotionnel de nos ascendants, a l'instar du bagage génétique, va être déterminant dans les événements de notre vie. En fait notre bagage génétique, familial, émotionnel est comme un état d'être qui va nous introduire au monde d'une manière particulière. De la même manière que la maladie génétique se déclare, la souffrance de nos ancêtres se réveille et se révèle dans nos comportements et engendre certains événements de notre vie. À l'inverse leurs forces de caractère et aspirations peuvent aussi être un atout. Au final, les deux histoires familiales de nos parents se complètent et s'harmonisent pour créer notre propre destinée.

Dans cette hypothèse je dirai que les épreuves auxquelles nous sommes confrontées sont l'écho de souffrance que nous avons à vivre chacun à notre manière dans le but d'en guérir dans le meilleur des cas. Des épreuves que nous pouvons dépasser si nous en avons les possibilités et si nous y sommes aidés, comme le propose la thérapie libre. Les forces de caractères étant de bons alliés pour se sortir de ces carcans familiaux.

Les grandes différences entre les personnalités d'une même fratrie pourraient venir du fait que selon notre place dans la fratrie nous pourrions être plus impactés par une histoire que par l'autre, et que selon notre héritage nous n'avons pas tout à fait les mêmes problématiques à guérir et les mêmes chances de s'en sortir aussi...

Pour illustrer mon hypothèse de la résonance familiale, je donnerai l'exemple d'un arbre généalogique type qui donne le profil d'une personne qui subit dans sa vie des épreuves liées à des angoisses d'abandon. Je l'appellerai Mila.

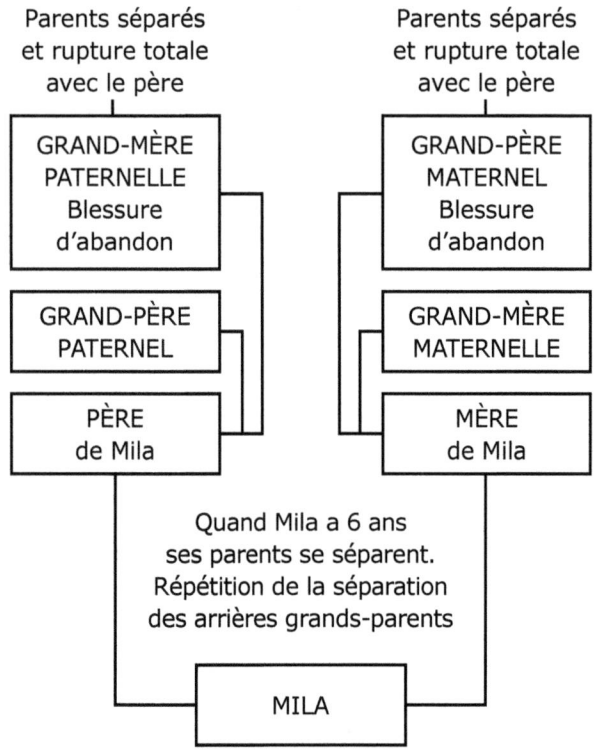

Symptômes de Mila :
- troubles attentionnels sévères,
- peur de l'abandon,
- peur de la séparation.

Arbre généalogique de Mila et mise en évidence de résonnance familiale d'une problématique d'abandon et répétition de séparation.

Tout d'abord pour décrire la difficulté principale de Mila je dirai que c'est une petite fille qui présente des troubles attentionnels majeurs qui entraînent de gros retards scolaires. Comme tout blocage au niveau des apprentissages, mon hypothèse est qu'il y a souvent chez ces enfants une souffrance émotionnelle plus ou moins consciente qui sature le cerveau et le perturbe dans la possibilité de diriger l'attention sur l'apprentissage. Et en plus au fil du temps et de la difficulté à apprendre, les échecs sont de nouvelles perturbations émotionnelles qui attisent le problème. Je valide souvent cette hypothèse quand j'interroge la toute petite enfance de l'enfant, ses premiers mois, ses premières années. Pour Mila justement, sa maman dit que sa fille avait un sommeil très léger et qu'elle sentait Mila dans une relation très fusionnelle. La maman dit avoir eu besoin de passer beaucoup de temps auprès d'elle pour les phases d'endormissement et que le sevrage a été également très compliqué. Elle remarquait aussi que Mila était très importunée par les bruits. Mila avait toujours besoin d'être rassurée.

Aujourd'hui la principale difficulté reste à la séparation et Mila peut verbaliser qu'elle a peur d'être séparée de sa maman. C'est une petite fille plutôt très courageuse, sociable elle va facilement vers les autres et volontaire aussi. Mais elle ne supporte pas d'être seule. La mère exprime qu'elle a le sentiment que sa fille a toujours peur d'être abandonnée, que c'est même sa principale peur...

J'interroge alors les histoires familiales du père et de la mère. Du côté de sa mère, celle-ci a plutôt eu une enfance heureuse, élevée par des parents qui travaillaient beaucoup. Elle a eu une autonomie assez jeune de ce fait. Elle a éprouvé de la solitude mais l'amour qu'elle recevait par ailleurs lui a permis de grandir en paix. Du côté maternel il y a essentiellement une problématique chez le grand père de Mila qui a été abandonné par son père dans son enfance. Chez sa grand-mère maternelle il n'y a pas d'événement traumatique majeur.

Du côté du père de Mila, on retrouve une situation familiale similaire car ses parents travaillaient également beaucoup et son père fut plutôt élevé par ses grands-parents paternels. Et l'on retrouve une problématique d'abandon du côté de la grand-mère paternelle de Mila puisque celle-ci a également été abandonnée par son père elle avait 6 ans. Deux arrières grands-pères de Mila ont donc abandonné leur enfant, ce qui a pour conséquence que le grand-père maternel et la grand-mère paternelle de Mila portent tous deux la blessure de l'abandon et les émotions traumatiques associées. Mon hypothèse est que Mila a hérité de cette blessure qui s'est jouée sur les deux branches familiales.

La résonance chez Mila se trouve non seulement dans son ressenti mais elle a également vécu la séparation de ses propres parents, séparation provoquée par son père. Cette séparation a réveillé cette blessure de l'abandon. Même si elle voit toujours ses deux parents, elle doit apprendre à vivre avec l'absence de l'un ou de l'autre et cela n'est pas toujours évident pour elle. Elle reste dans une relation très fusionnelle à sa mère et doit sans cesse apprendre à faire face à ses peurs et apprivoiser des moments de solitude. C'est un challenge que je propose à sa mère de mettre en place, des petits temps où Mila puisse rester seule, car cela me semble important qu'elle puisse trouver les ressources en elle. Cela devrait lui permettre d'apprendre l'autonomie et la créativité si tant est que ces moments sont mis en place dans la coopération et la confiance.

La résonance a la propriété de résonner tel un écho.

Au sens physique du terme « c'est un phénomène selon lequel certains systèmes physiques (électriques, mécaniques…) sont sensibles à certaines fréquences. Un système résonant peut accumuler une énergie, si celle-ci est appliquée sous forme périodique, et proche d'une fréquence dite « fréquence de résonance ».

Mon hypothèse est donc que l'information d'un traumatisme émotionnel est transmise via la cellule par les ascendants, ce qui crée une énergie intra-corporelle qui a des répercussions dans la manière de chacun de s'adapter à son environnement.

Ainsi pour Mila, mon hypothèse est qu'elle porte en elle les mémoires de la souffrance de son grand-père maternel et de sa grand-mère paternelle. De ce fait dans sa relation à l'autre elle vit sans cesse la peur de l'abandon et demande donc beaucoup d'attention pour y palier. Dans le schéma de résonance, la problématique de l'abandon se joue pour le père qui agit une situation de crise similaire à son propre grand-père maternel puisqu'il décide de quitter la cellule familiale et fait exploser la famille. Du côté de la mère de Mila, celle-ci vit la rupture avec le père de Mila comme sa grand-mère paternelle a vécu la rupture avec le père de son fils et grand père de Mila. En miroir les histoires se répètent mais elles se transforment aussi dans la mesure où dans chaque branche familiale il y a aussi des aspects positifs, notamment des liens familiaux plus stables chez la grand-mère maternelle de Mila et son grand-père paternel, des liens d'amour qui lui permettent de travailler à la résilience de cette histoire. La rupture de ses parents est moins radicale et donc peut lui faire espérer de trouver les ressources pour apaiser la blessure de l'abandon qui se joue dans son histoire familiale.

En tout cas l'outil de la thérapie libre peut vraiment l'aider en ce sens. Lui proposer de lire son histoire de cette façon et réaliser les soins qui doivent la libérer des souffrances de ses grands-parents devrait considérablement la soulager et lui permettre de réguler son système émotionnel de tel sorte que ses apprentissages devraient en être facilités.

À noter aussi que mes hypothèses concernant l'impact des souffrances des parents et grands-parents sont validées par le test de kynésiologie. Par ce test de résistance musculaire le corps atteste qu'il souffre de la mémoire des parents ou grands-parents... Et plus fascinant encore il valide des souffrances d'ascendants que les patients n'ont même pas connu.

Chaque blessure se joue dans l'ensemble du schéma familial et peut donc créer les profils qui se dégagent de chaque famille. Je m'explique, comme nous l'avons vu pour Mila, la blessure d'abandon se joue chez plusieurs des membres de la famille et génère des épreuves où on peut sentir de l'abandon. Dans les familles où on porte la blessure du rejet, on va retrouver des épreuves qui font nous sentir dans l'exclusion. Dans les familles où on vit de la trahison on aura sûrement des événements liés à des vécus de trahison. Dans les familles où on se sent mal aimé on vivra plutôt la blessure d'amour, la plus douloureuse à vivre me semble-t-il... La blessure d'injustice est celle qui nous pousse inlassablement à la révolte. Et bien sûr chaque blessure peut être associée les unes aux autres... On répète souvent la prévalence d'une blessure dans les épreuves que l'on est amené à vivre. La manière dont on souffre des épreuves peut également nous renseigner sur les problématiques que l'on porte et sur la manière dont nos ascendants ont eux-mêmes soufferts de leurs épreuves.

In fine, la thérapie libre, en allant à la quête de la résonance familiale, a le potentiel d'apaiser les souffrances des schémas familiaux qui font que bien souvent on répète des échecs bien malgré nous...

CHAPITRE 6

Conclusion

« Réveille-toi chaque matin avec l'espoir que quelque chose de merveilleux se produira ».

J'espère qu'à l'issue de cette lecture vous aurez perçu tout ce que nous promet cette thérapie.

Tout d'abord, vous pourrez la pratiquer dans de nombreux établissements de santé corporelle et mentale où se proposent des consultations psychologiques. Elle opère sur un vaste champ de problématiques et vous pourrez l'adapter aux spécificités de vos prises en charge.

La contrainte pour les soins énergétiques est la mobilité corporelle. Mais on pourra très bien envisager de faire uniquement le soin cellulaire dans les cas où les patients seraient alités.

Elle est assez simple dans son exécution mais elle exige quand même un travail rigoureux d'écoute car la singularité de chaque patient exige de nous un travail créatif.

La créativité est pour moi un élément essentiel tant du côté du thérapeute que du patient.

Du côté du thérapeute je pense que nous devons tendre à être des créateurs de santé mentale. Chaque consultation est unique et nous devons nous y soumettre dans notre visée thérapeutique qui est le bien du patient toujours. Être créatif dans le cadre de la thérapie LIBRE, c'est d'abord de cibler les problématiques à traiter essentielles à la voie de guérison du patient. C'est aussi d'être un guide bienveillant lors des voyages imaginaires que nous proposons. Laisser le patient trouver ses ressources tout en l'accompagnant délicatement vers elles.

Du côté du patient, développer sa part créative grâce à cette thérapie me semble être un bon atout pour répondre à ce dont il a besoin dans sa vie, poser des actes pour harmoniser son quotidien au mieux.

La créativité n'est rien d'autre que la capacité à créer, à imaginer et à innover et si nos patients veulent sortir de leur carcan, l'innovation est la meilleure voix pour ce faire.

La part de créativité est là en chacun de nous mais elle peut être plus ou moins mis en sommeil selon notre état mental, c'est pour cela que les séances de thérapie LIBRE peuvent apporter de belles transformations.

Vous aurez compris aussi que l'hypothèse est que cette thérapie a un impact fort au niveau de la transformation neuronale car elle utilise des voix de guérison multiples. D'une part elle agit comme un travail thérapeutique traditionnel au travers de l'entretien clinique qui apporte un éclairage sur les problématiques en souffrances et leur élaboration au fil du temps.

Ensuite elle agit au niveau énergétique par la stimulation de méridiens visant à libérer les émotions stockées qui seraient toxiques. Enfin par l'imagination que cette technique requiert, elle apporte au patient l'intégration d'informations apaisantes et salvatrices.

Je pense que toutes les transformations accomplies grâce à cette thérapie nous donnent de nouvelles perspectives dans nos relations aux autres et notre rapport à nous même. Je crois profondément qu'elles agissent sur un plan subtil lié à un possible champ électromagnétique. Et même si cette notion de champ magnétique est encore obscure au regard de la science, je fais personnellement l'hypothèse qu'il agit à notre insu, pour avoir fait nombre d'expériences qui me le font penser. J'espère de tout cœur que sa validation scientifique sera possible tôt ou tard car il pourrait apporter beaucoup à notre développement personnel. Des expériences ont quand même montré que des informations sont traitées dans un plan subtil. C'est le cas d'une expérience qui a consisté à faire tirer des cartes à des personnes, cartes à connotations positives ou négatives. L'enregistrement du cerveau lors de cette recherche a montré que le cerveau sait avant d'avoir visualisé la carte, si son contenu est positif ou négatif, ce qui semble corroborer cette idée de champ subtil... Il me semble de par mon vécu personnel que lorsqu'on se libère en profondeur, on s'ouvre à un champ des possibles nouveaux, de nouvelles opportunités s'offrent à nous qui ne sont pas liées forcément au hasard mais à un nouvel état d'être en cohérence avec nos aspirations profondes. En bref, je pense que plus nous sommes libérés de nos souffrances et plus grande est notre capacité de nous fier à notre intuition et de trouver ainsi de meilleures réponses pour avancer.

J'ai l'audace aussi de vous proposer de viser le bonheur grâce à cette thérapie même s'il est vrai que cette notion est bien complexe. Car finalement c'est quoi le bonheur ? Je n'aurai pas la prétention de vous livrer là un récit philosophique mais seulement avec mes mots à moi vous en dire quelque chose.

Tout d'abord c'est une quête qui a traversé les siècles et de tout temps on a réfléchi à ce qui nous rend heureux, ce qui nous fait nous sentir heureux. Cela est très variable d'une personne à l'autre. Ce n'est pas la joie et le plaisir qui eux sont éphémères. Ce serait plutôt un état d'être, une harmonie et une paix intérieure. Personnellement je pense que cela demande d'accepter les vicissitudes de la vie. C'est pourquoi être résilient face à nos épreuves me semble un chemin nécessaire pour ce faire. Une attitude morale me semble aussi un atout pour l'atteindre. Je ne pense pas que l'on trouve son bonheur dans toute forme de malveillance envers autrui. La malveillance étant d'ailleurs souvent un signe d'une personne profondément souffrante.

Selon les possibilités du patient, la thérapie LIBRE doit tendre à le faire travailler à cette paix intérieure. En déposant ses fardeaux en séance, on l'allège. Cette thérapie permet aussi d'intégrer les énergies d'amour, de confiance, d'insouciance, de bienveillance... Dont on a besoin sur ce chemin.

Je ne prétends pas rendre tous mes patients heureux bien sûr mais par ce travail je leur propose de se mettre sur ce chemin, ce qui est déjà un grand pas souvent, car en les autorisant on leur ouvre déjà des portes qui étaient fermées jusque-là. Souvent ces portes se ferment au fil du temps au gré de la noirceur des pensées alentours, des injonctions parentales et des maladresses environnementales. En tant que thérapeute notre mission doit servir à lever toutes ces formes de sabotage.

Cela me fait penser à une patiente dont la grand-mère lui disait « tu es née sous une mauvaise étoile ». La réhabilitation et la transformation de cette phrase en séance ont considérablement changé la vie de cette personne. Elle s'est vue accueillir un certain nombre d'évènements dans sa vie qui lui ont ouvert de nouvelles portes et j'ose croire que cela lui ai procuré un certain bonheur.

Le bonheur pour moi c'est l'effet papillon. Nul n'a besoin de rester malheureux car le monde est bien imparfait, mais se donner les moyens d'être heureux car alors la fragrance qui se diffuse alentour se propage bien au-delà de nos espérances.

Cette thérapie me semble être un espoir pour tous thérapeutes qui sont dans le soin psychique. Elle répond me semble-t-il à une actualité dans laquelle notre discipline la psychologie se doit de se moderniser et de sortir de carcans théoriques qui n'ont plus lieu d'être.

La psychologie doit se nourrir des avancées de la science pour évoluer. Et je reste convaincue que nous allons devenir plus performants grâce à cela. Les avancées actuelles fondamentales que je retiens sont l'importance de la bienveillance, l'intérêt d'une pensée positive, la possibilité de transformer notre cerveau en fonction de l'interaction avec notre environnement, et tous moyens qui seront mis en œuvre pour prendre soin de notre mental seront autant de cordes à notre arc pour s'apaiser et s'harmoniser.

Passer par l'énergétique n'est pas contre-productif bien au contraire. En touchant nos patients, nous les touchons aussi dans leur être profond. Nous accédons à une dimension nouvelle du soin psychique dont la puissance thérapeutique n'a pas fini de faire parler d'elle à mon avis.

Pour moi cette dimension a bouleversé mon travail. L'association de ces outils me procure beaucoup de plaisir lors des séances avec mes patients et la satisfaction de les voir s'apaiser durant la séance et s'épanouir au fil du temps est immense.

Son impact aussi sur le traitement des sabotages transgénérationnels est un aspect central de la méthode. L'articulation des blocages actuels des patients avec leurs saboteurs inconscients liés aux problématiques de leurs ancêtres permet de lever les symptômes de manière spectaculaire. Au plus j'entends et j'écoute mes patients dans leur blocages présents et sabotages inconscients, au plus je réalise combien cette articulation entre présent et passé est fondamentale pour le travail psychothérapeutique. Il me semble que cela réveille leur pouvoir de guérison et les révèle à eux même comme maillon de la chaîne qui doit se libérer des souffrances familiales pour avancer vers leur identité et leur réalisation d'eux même...

Pour toutes ces raisons j'espère donc pouvoir convaincre un grand nombre de thérapeutes des bienfaits de cette méthode et qu'ils pourront à leur tour faire bénéficier un large panel de patients du potentiel de cet outil...

ÉPILOGUE

Il est parfois difficile d'imaginer que notre histoire de vie ne commence pas aux portes de notre naissance. Il est important de comprendre que nous portons autant les forces que les blessures de nos familles et l'héritage du passé peut, parfois, s'avérer complexe et toxique. Il peut nous empêcher d'avancer et de se développer sans comprendre les raisons de ces blocages.

La thérapie LIBRE a cette force d'identifier les émotions toxiques qu'on porte, les impasses bloquantes qui nous empêchent d'avancer et de nous en libérer. Une fois libéré et réhabilité nous pouvons vivre plus librement et sereinement notre avenir, notre propre vie « désintoxiquée du passé », un peu comme si le passé et l'avenir s'étaient réconciliés.

Mon parcours professionnel m'a amené à accompagner des individus sur des problématiques personnelles (confiance en soi, problème de relation aux autres…), des dirigeants, des cadres d'entreprise sur des problématiques professionnelles (légitimité, prise de poste, conflit d'équipes…)

disposant de nombreux outils de développement personnel j'ai pu les aider à trouver ce trait d'union entre leur savoir-faire et leur savoir-être. Pourtant, je me suis souvent poser la question de « la racine du problème » et l'approche de la thérapie LIBRE m'a permis de trouver des réponses et de comprendre que la racine est notre ancrage au monde et donc à notre propre vie.

Ces racines se logent souvent dans le transgénérationel, une approche qui, sur le moment, peut faire peur, la crainte d'aller « fouiller » le passé, d'aller remuer des choses mais ce qui est assez étonnant c'est que souvent les patients nous remercient par la suite « mes parents ont aimés me parler de leur histoire », « ça me fait du bien de connaitre mon histoire et d'où je viens »... Et finalement comment en faire l'économie ?

Enfin, je me souviens d'une patiente (adolescente) qui m'a dit un jour « j'ai toujours été en échec à l'école comme dans ma vie, je croyais que c'était une fatalité, comme si j'avais « un mauvais Karma ». Aujourd'hui j'envisage enfin la possibilité d'avoir un avenir, j'ai envie de réaliser plein de choses et j'y crois », quelle plus belle récompense...

Vous l'aurez compris la Thérapie LIBRE permet d'ouvrir le champ des possibles de façon original et efficace. Elle offre une possibilité d'accepter son passé en se libérant des peurs qui nous envahissent et des blessures/traumatismes de vie que nous portons pour aller de l'avant et arrêter de se mettre des barrières bloquantes.

Cécile Darmon
Collaboratrice, praticienne et formatrice de la Thérapie LIBRE

BIBLIOGRAPHIE

[1] Desprès Béatrice. La Thérapie des Champs Mémoriels . Le Mercure Dauphinois. 2011.168

[2] Lenoir Frédéric. Philosopher et méditer avec les enfants. Albin Michel. 2016. 272

[3] Nambudripad Devi. Vaincre les allergies et les maladies dérivées. Testez. 2006. 396

[4] Fischman Georges. Modèles épistémologiques de l'évolution des psychothérapies et méthode de la recherche en psychanalyse. L'information psychiatrique. 2009. Volume 85

[5] Giacobino Ariane. Peut-on se libérer de ses gênes ? l'épigénétique. Stock. 2018. 340

[6] Jung Carl Gustav. L'homme à la découverte de son âme. Albin Michel. 1987. 360

[7] Freud Sigmund. Cinq leçons sur la psychanalyse. Payot. 1910

(8) Guéguen Catherine. Pour une enfance heureuse. Pocket. 2015. 368

(9) Filliozat Isabelle. Il n'y a pas de parent parfait. Marabout. 2013. 320

(10) Dolto Françoise. Tout est langage. Gallimard. 2002. 269

(10) Dolto Françoise. La cause des enfants. Pocket. 2007. 608

(11) Ancelin Schützenberger Anne. Aïe, mes aïeux ! Desclée de Brouwer. 2015. 272

(12) Martin du Pan Rémy. L'ocytocine : hormone de l'amour, de la confiance et du lien conjugal et social. Rev. Med. Suisse. 2012. 8 :627-30

(13) Lacan Jacques. Les séminaires, Livre VI. Le désir et son interprétation. La Martinière. 624

(14) Légaut Jacqueline. Les lois de la parole. Conversation avec Camille. Eres. 2003

(15) Rosenberg Marshall. Les mots sont des fenêtres. La découverte. 2016. 320

(16) Cyrulnik Boris. Un merveilleux malheur. Odile Jacob. 2002. 256

(17) Dransart Philippe. 7 questions sur le chemin de la guérison. Le Mercure Dauphinois. 2005. 284

(18) Callahan Roger. Stimuler votre guérison intérieure. La Thérapie du Champ Mental, comment surmonter peurs, dépendances et perturbations émotionnelles. Guy Trédaniel. 2003. 219

(19) Ricard Mathieu. Plaidoyer pour le bonheur. Pocket. 2004. 384

(20) Desoille Robert. Le rêve éveillé dirigé en psychothérapie : les étranges chemins de l'imaginaire. Eres. 2000. 172

(21) Rizzolatti Giacomo, Corrado Sinigaglia. Les neurones miroirs. Odile Jacob. 2011

REMERCIEMENTS

Je remercie Félicien Borel, mon oncle philosophe qui est mon guide spirituel depuis sa disparition il y a quelques années.

Je remercie mes parents qui m'ont élevé avec beaucoup d'amour et m'ont laissé la liberté de mon chemin spirituel sans dogme religieux.

Je remercie mes garçons dont le courage dans nos épreuves fût exemplaire.

Je remercie ma fille, petite lumière dans la nuit, dont la maladie épileptique nous a certes mis à l'épreuve mais m'a ouvert les portes de tant de belles choses…

Je remercie mes amies, fidèles alliées de mes douloureux moments comme de mes plus grandes joies.

Je remercie enfin en particulier Cécile Darmon, une rencontre improbable autour de merveilleux projets professionnels en pleine maturation…

2019 © Julia Rautenberg - Couverture et mise en page : MyPro

Édition : BoD – Books on Demand,
    12/14 rond-point des Champs-Élysées, 75008 Paris.
Impression : BoD - Books on Demand, Norderstedt, Allemagne.

ISBN : 9782322103621

Dépôt légal : Septembre 2019